南スーダン陸上競技選手団

前橋キャンプ物語

母国の平和のために走った1年9カ月

前橋市　南スーダン

2019年11月14日 ～ 2021年8月26日

南スーダン
陸上競技選手団

OMIROK JOSEPH RENSIO TOBIA
(オミロク・ジョセフ・レンシオ・トビア)
コーチ

KUTJANG MICHAEL MACHIEK TING
(クティヤン・マイケル・マチーク・ティン)
パラリンピック陸上 100m

GUEM ABRAHAM MAJOK MATET
(グエム・アブラハム・マジュック・マテット)
男子 1500m

MORIS LUCIA WILLIAM KARLO
(モリス・ルシア・ウィリアム・カルロ)
女子 100m、200m

AKOON JOSEPH AKOON AKOON
(アクーン・ジョセフ・アクーン・アクーン)
男子 400m ハードル

2021年7月23日（東京都：国立競技場）

東京2020オリンピック競技大会　開会式・入場行進

ルシア　MORIS LUCIA WILLIAM KARLO

2021 年 8 月 2 日
（国立競技場：女子 200 m予選第 2 組）

タイム 25 秒 24
出走 41 人中 40 位

アブラハム　GUEM ABRAHAM MAJOK MATET

2021 年 8 月 3 日
（国立競技場:男子 1500 m予選第 1 組）

タイム 3 分 40 秒 86（PB）
出走 47 人中 25 位

H3
H2

「南スーダン陸上競技選手団 前橋キャンプ物語」出版にあたって

前橋市長 山本龍

2021年夏、1年越しの東京2020オリンピック・パラリンピック競技大会（以下、東京五輪）が開催されました。世界的な新型コロナウイルス感染症の影響、また国ごとに多様な困難を抱える中、選手たちの戦う姿や称え合う姿は人々に希望をもたらし、スポーツの力を実感させてくれました。

東京2020オリンピック競技大会に参加した205の国と地域の中に、南スーダン共和国があります。南スーダン共和国は2011年に独立した世界で一番若い国ですが、国内の不安定な情勢が続き、難民・国内避難民は合わせて220万人以上いると言われています。そうした中、本市は「スポーツを通じた平和促進」を掲げ、東京五輪出場に向けた南スーダン共和国のホストタウンとして陸上競技選手団の長期事前キャンプの受入れを行いました。

東京五輪、南スーダン共和国選手が国立競技場で走る姿は、母国だけでなく前橋市民をはじめ日本全国の方々にもたくさんの勇気と感動を与えてくれたと思います。

今回のホストタウンの経験を踏まえ、南スーダン共和国の若者へ少しでも夢と希望を与えるとともに、本市として、同国のスポーツ振興を支援できないかと考えてまいりました。

本書『南スーダン陸上競技選手団 前橋キャンプ物語』の目的は、長期事前キャンプの取組を「オリンピック・パラリンピックレガシー事業」の一つと位置付け、選手団や受入れ自治体の日々を後代に伝えること、また東京五輪後の南スーダン共和国との交流の一助とすることにあります。

長期事前キャンプの受入れ並びに本書が出来上がるまでには、在南スーダン日本国大使館やJICAをはじめ、日々の練習や生活、異文化交流、企業協賛、ふるさと納税など様々な形でたくさんの方々にご支援、ご協力をいただきました。

サポートいただいた全ての皆様に心よりお礼申し上げ、本書出版にあたってのあいさつとします。

2021年12月

contents
目　次

chapter 01

第 1 章

南スーダン選手団
受け入れの背景

section 01 それは、一本の電話から始まった

前橋市スポーツ課の課長桑原和彦に山本市長から電話が入った。話を聞いて桑原は思わず聞き返した。

「えっ、南スーダンですか？」

山本市長が桑原に話したのは、次のような内容だった。

・JICA（Japan International Cooperation Agency=独立行政法人国際協力機構）が来庁し、南スーダンのオリンピック選手団の事前キャンプの相談をしたいらしい。

・山本市長はホストタウンとなり、事前キャンプを受け入れたい。

・桑原は、JICAとの会議に同席し、事情をよく確認すること。

正直言って桑原は「南スーダン」の正確な情報を知らなかったし、数年前に自衛隊の派遣が問題になった程度の認識しか持っていなかった。

ネットで調べてみると、かなり難しい状況の国だと分かった。まず、半世紀にわたる内戦の結果、2011年にスーダンから独立したこと。独立後も民族対立などで衝突があり、その結果220万人が国内避難民や難民となっている（UNHCR：Office of the United Nations

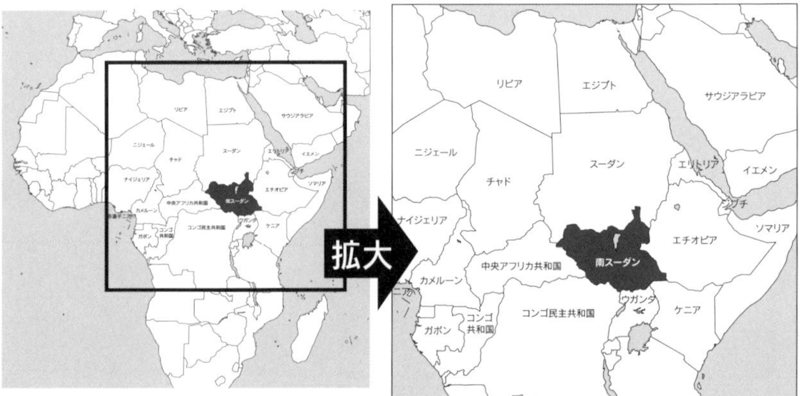

南スーダン共和国は東アフリカに位置する

High Commissioner for Refugees=国連難民高等弁務官事務所 2020年発表）。果たしてこのような国でスポーツ選手がいるのだろうか？ましてオリンピック選手が？

この時点で前橋市は、5カ国の事前キャンプの受け入れの話が進んでいた。ハンガリーの柔道とレスリング、スリランカのウエイトリフティング、ベラルーシのトランポリン、ベルギーの自転車、コロンビアパラリンピックチームの自転車と陸上である。すでに市の事業として限界である。桑原としては、これ以上の受け入れは難しく、できればお断りしたいと思った。事前キャンプを担当するスポーツ誘致係の係長皆川賢一に伝えたところ、皆川も同様の意見だった。

東京2020オリンピック・パラリンピック競技大会（以下「東京五輪」）が、一般の人たちの間で話題に上りはじめていた2018年の初夏の出来事だった。

JICA関係者が前橋市役所を訪れる

2018年7月13日金曜日、市役所全体が週末の慌ただしい空気に包まれていた。市庁舎の玄関で待ち受ける桑原の前に、タクシーの列が止まった。来庁したのは、事前連絡のあったJICAの関係者だった。

JICAから古川光明安全管理部長、友成晋也JICA南スーダン事務所長の他4人の計6人、また、前橋市側からは、山本市長、スポーツ課の桑原、皆川の3人が出席した。ホストタウンについて前橋市とJICAの初めての直接会談である。

JICAの説明は写真などを使い、明快で分かりやすいものだった。南スーダンの厳しい国情を紹介した上で、ナショナル・ユニティ・デー（NUD：National Unity Day=国民結束の日）というスポーツイベントの成功が、民族融和の核になっていると説明した。

「ジュバ（同国の首都）に行けば殺される」と言われている現状で、各地域・部族の若者が集まりスポーツイベントを行った。南スーダンの結束には、スポーツが鍵である。そのための東京五輪への選手団派遣であり、事前キャンプは大きな意味を持つ。同国では満足にスポーツを練習できる場所がない。競技は未定だが、6人程度の受け入れを希望している、などの話は、同席した桑原と皆川の心を揺さぶった。他国の事前キャンプ予定などから、前橋市も困難な時期だが東京五輪直前の2週間程度なら可能だろう、とうなずき合った。

JICAの説明を受けた山本市長は、感銘を受けた表情で「そのような状況なら、ホストタウンになり1年程度の長期キャンプを前橋でしてもらってはどうか」と発言した。JICAは、山本市長の望外な提案に大いに喜び、恐縮した。直接担当する桑原と皆川は、大変なことになったと、先行きを考え顔を見合わせた。

山本市長は長期キャンプ受け入れの背景として、「前橋市の戦争体験、空襲の被害、その再建がある。特に戦後、多くの国からの支援は忘れてはいけない。そのためにも、世界で一番若い国の支援を前橋市がすることは『恩返し』として意義がある。また、南スーダン選手団と前橋市民の交流は、平和について改めて考えるいい機会になる。このような趣旨に、前橋市民は応援してくれるだろう」と語った。

JICAは山本市長の話に感銘を受け、会談は円満なうちに終了した。

ここから、前橋市と南スーダンとのホストタウン事業が始まった。

長期事前キャンプ実現に向けて

JICA職員が立ち去った後、桑原は、皆川とスポーツ誘致係主事の内田健一を会議室に呼んだ。内田は英語力を見込まれてスポーツ誘致係に配属された職員。これ以降、南スーダン側との協議や南スーダン選手団の対応などの全てを担当することになる。

3人は、問題を思いつくままにリストアップした。リストは長く続き、項目の多くがこれまで対処したことのない事案だった。

前橋市内で長期滞在するとなると、宿舎、食事、日常生活のサポートが必要だ。事前キャンプなので当然トレーニングの環境がいる。場所はどこにするか、日本側のコーチやトレーナーはどうするのか。通訳も職員をずっと張り付けるわけにはいかない。そもそも、オリンピック選手のビザはどうなっているのだろうか。健康保険は、万一の時の傷害保険は、と疑問が次々と湧いてくる。

「いちばんの問題は予算だ。どの程度確保できるのか」と、桑原はおおよその数字を出してみようと2人に語りかけたが、基本となる前提が不明だった。全てが手探り状態である。この事案は雲をつかむような話であり、それも通常の業務にプラスして行わなくてはいけない仕事だった。

長期事前キャンプに向けた様々な課題がリストアップされると、会議室内は沈鬱《ちんうつ》な空気が流れた。このとき3人の脳裏には、アフリカの広大な大地に生まれた南スーダンという国の姿が、うっすらと浮かび上がった。戦火で荒れ果てた国土、国民は貧しいが未来を信じて日々働いている。夢を抱く若者は、オリンピックで母国の旗を揚げようと、頑張っている。

3人は過酷な状況にもかかわらず、オリンピック・パラリンピックでの活躍を夢見る若者たちの手助けをできることに、静かな興奮を感じていた。

ホストタウンとは

ホストタウンとは、東京五輪の参加国・地域の選手などと交流を行う地方公共団体のことで、事前キャンプの受け入れだけでなく、スポーツ、文化、経済などを通じた交流計画を国（内閣官房東京オリンピック・パラリンピック推進本部事務局）に提出し、認められると登録される。

この構想は、2019年12月の国連総会で「オリンピック休戦協定」が採択された際に紹介された。背景には、1998年の長野オリンピックの「1校・1国」事業の成功事例がある。それぞれの参加国・地域を応援するため、学校ごとに特定の参加国を割り当て、交流事業などを行った。この事業が大きな成果を生み、後のホストタウン構想を後押ししたとされている。全国で一体感を持って行うよう、長野の事例をより拡大した形で計画され、開催までの期間、文字通りホストタウンとしてサポートする。

2015年11月からホストタウン登録の受付が開始され、2016年1月に前橋市を含む44自治体の第一次登録が決まった。2021年8月10日現在で、登録された全国の自治体は533になり、受け入れ相手国・地域は185となっている。

前橋市は、2016年1月にハンガリー、2018年3月にスリランカ、同年12月にコロンビア（パラリンピック）、そして、2019年2月に南スーダンとベラルーシのホストタウンとして登録されている。

事前キャンプ計画

オリンピック・パラリンピックの事前キャンプは、出場選手が開催地の環境や時差に順応するために、開催都市やその周辺、また、環境が近い近隣国などで行うトレーニングである。

南スーダン選手団の場合、環境や時差の問題よりも、突発的な紛争の危険と背中合わせで集中して練習できないことや、小石が転がる土のグラウンドしかなく、満足な練習ができないという問題を解決するために、前橋で事前キャンプをすることになった。

2019年3月4日、前橋市は長期事前キャンプ受け入れを表明した。記者会見で計画の概要を公表し、併せて市民への協力を求めた。事前キャンプにかかる費用は、クラウドファンディング型ふるさと納税で賄う計画だった。来日前から告知し、募集を開始した。

section 02 JICAの国づくり支援

前橋市への南スーダン選手団派遣の背景には、JICAが現地で積み重ねてきた地道な活動がある。

JICAは南スーダンに対して、ナイル川に架かる「フリーダムブリッジ（自由の架け橋）」の建設や、「ジュバ河川港拡充計画」、「ジュバ市水供給改善計画」など、インフラ整備を進めている。

また、灌漑整備、産業を運営するための行政能力強化の支援、さらに、各種エンジニア養成の職業訓練センターの人員、機材、施設などを充実させてきた。

これらの施策を実施する過程で懸案となっているのが、国内の「対立」であった。部族や地域間の対立、抗争が続いていては、建設は難しい。事実「フリーダムブリッジ」は、内戦のために建設が2度にわたって中止され、現在も未完成である。

ジュバ市では、水道網が老朽化し、市民は水不足に苦しんでいる。そのため、「ジュバ市水供給改善計画」を行っている。水汲みに集まる市民（左）、老朽化した給水管（右）

写真提供：JICA

ナショナル・ユニティ・デーが、南スーダンにもたらしたもの

南スーダンの人たちが「自分らは同じ国に属する国民だ」と一体感を感じるようになった大きなきっかけは、ナショナル・ユニティ・デーというスポーツイベントである。同国の歴史にとって大きなターニングポイントとなった。

ナショナル・ユニティ・デーは、当時JICA南スーダン事務所長を務めていた古川光明氏が、2014年に南スーダン共和国文化・青年・スポーツ省のエドワードスポーツ担当局長を訪ねたことがきっかけでスタートした。

エドワード局長は独立後の混乱を嘆き、スーダン時代のスポーツ大会に思いを馳せた。さらに、ヨーロッパのサッカーチームでスーダン選手が出場していると、国民が熱狂的に応援する姿も脳裏に浮かんだ。また、古川氏もスポーツは国民意識の養成に役立つのではないかと考えていた。国民をスポーツで結束させ、新しい南スーダン国民同士だという意識を持たせる。そのためには、大規模なスポーツ大会が最適だとエドワード局長に話し、方向性で一致した。古川氏はJICA本部と協議し、準備に取りかかった。

2013年のIOC（International Olympic Committee=国際オリンピック委員会）総会で、当時の安倍首相が「スポーツ・フォー・トゥモロー・プログラム」演説を行った。これは「7年間で100カ国1,000万人以上の途上国民を対象に、オリンピック・ムーブメント普及のための支援をめざす」というものだ。ナショナル・ユニティ・デーは、安倍首相の演説の「スポーツを通した平和構築支援」という趣旨に合致していた。

JICAにとってもこれだけの規模のスポーツ・プロジェクトの経験はなかった。古川氏には、本部アフリカ部との密接な連携が必要だっ

た。従来のODA（Official Development Assistance=政府開発援助）で行ってきた保健医療や教育分野とは大きく異なっている。

南スーダンでは競技ごとにスポーツの国家委員会があり、管轄するスポーツ省との連携も不可欠だった。前述のエドワード局長、その上司にあたるアグム事務次長、オリンピック委員会、南スーダンサッカー協会などと連絡を取り合った。

2015年8月に情報収集のため「スポーツ分野における基礎情報収集・確認調査団」が南スーダンに派遣された。

2015年11月にはプロジェクト推進のため、同国におけるスポーツ行政の枢要な地位の方々を日本に招へいし、施設や運営システムを見学してもらった。実務的な成果はもちろんだが、南スーダンではあまり印象のない日本という国の実力や、清潔・勤勉といった国民性を体験することで、以後、関係者の日本への評価が格段に高まることとなった。

国民としての一体感を感じた、感動のイベント

第1回ナショナル・ユニティ・デーは、2016年1月16日の開会式から1月23日の間、南スーダン8州と1行政地区から約350人の選手が首都ジュバに集まり開催された。直前まで競技場を整地したり、当日副大統領が大幅に遅刻したり、綱引きのロープが切れたり、ハプニングが続いた。

大会が始まるとテレビやラジオも中継し、「平和と結束」という大会テーマを積極的にアピールした。競技が進むにつれ大会は盛り上がり、観客は部族や地域を超えて、選手を応援するようになってきた。サッカーと陸上の試合は連日行われ、大群衆が観戦した。

南スーダンで従来から人気のあるサッカーは、8チームがリーグ戦

15試合を戦った。地域を代表するチームは部族チームであることも多く、従来は社会的な対立や混乱につながることもある。しかしナショナル・ユニティ・デーの趣旨がよく伝わり、また、選手たちは同じ宿舎で同じ食事をするといった体験もあって、フェアプレーで戦った。倒れた相手チームの選手を、手を差し伸べて助け起こすといったシーンも目立ち、観客も好意的な反応を見せていた。

第1回ナショナル・ユニティ・デーは、閉会式まで大小の問題を克服しながら、無事に終了した。初めての大きなスポーツ大会に準備や運営から携わった南スーダン政府や関係者は、貴重な体験とノウハウを得た。最も大きな成果は、対立する部族や地域が、スポーツを通じて共通の国民意識を育みはじめたことである。この体験が、前橋市への南スーダン選手団派遣につながっていく。

section 03 「スポーツを通じた開発と平和」という構想が生まれた背景

「危険が残る地域が多かったですね」と大阪大学大学院人間科学研究科の岡田千あき准教授は、淡々とした口調で話す。専門は「スポーツを通じた開発と平和」で、JICAの「スポーツ分野における基礎情報収集・確認調査団」の一員であった。その地域や社会が抱える問題を、スポーツをツールとして活用し、解決の方向性を見いだしていくというものだ。

「結果として競技場の建設なども含みますが、主目的は、スポーツによる人々の意識改革ですね。競技による身体能力の向上といったことよりも、集まった様々な人たちがスポーツを経験することで、新しい社会性を自覚していくことを重視しています」と語った。

私たちがスポーツをするときに、当たり前のように認識している「ルールを守る」「客観的な記録」「審判に従う」などは、学校教育などを通じて学習してきたから常識となっている。「走る」という単純な動きでも、決まった距離、同じ場所、時間という共通の基準などでルール化されている。しかし獲物を追いかける、戦いで敵から逃げる、ただ単に楽しくて走る、などはスポーツに必ず存在するルールがない。以前は「敵」であったかもしれない人間同士が、同じ条件で「タイム」を目標に走るという姿は、決して当たり前にあるものではなかったのだ。

野球でジンバブエのエイズ啓蒙を図る

岡田氏がフィールドワークで訪れたのは、ジンバブエ、カンボジア、ボスニア・ヘルツェゴビナ、東ティモール、タンザニアなど。いずれも外国との戦争や内戦などを経験した国で、部族対立や混乱が続いていた。

岡田氏はジンバブエで、野球を活用した「開発」事業を手がけたことがある。当時ジンバブエではエイズが蔓延していた。しかし、政府がそれを認めないため、的確な対応ができず、さらに感染を広げていた。

そこで国民が関心を持つスポーツで、身体接触が少なく野外で行える野球を選び、ジンバブエ国内で各種の大会を催した。その場でエイズについての基本知識や予防法についての啓蒙活動を行った。同時に野球チームを通じてグループ作りを進め、地域の保健活動の担い手にした。

最初から公衆衛生の講演会をするといった方法でなく、より広く国民を巻き込むスポーツというツールを活用する手法は、大きな成果を上げた。こうした実績が、南スーダンのナショナル・ユニティ・デーにつながっていく。

「スポーツを核とした開発は、持続性と広汎性があります。人が集まる、対話が生まれる、ネットワークができる。そうした効果が持続します。何かを伝え人々を団結させ、社会の動きにつなげていく。元々スポーツとはそういう性格があると思います。それを途上国の諸問題に応用し、開発につなげているわけです」と岡田氏は説明する。

ナショナル・ユニティ・デーがなければ、南スーダン選手団は、前橋にこなかったろう

岡田氏は、帰国後の選手たちの活躍を期待して次のように語る。

「スポーツに限りませんが、彼ら、彼女らは、地域社会のリーダーとして活躍してほしいですね。スポーツで国際社会に参加したという実績は、人を引きつける魅力になります。その姿を見て人々は『自分も南スーダン人だ』という自覚を持ちます。統合の象徴として、また、国の発展に寄与するような働きを期待します」

各方面の協力も得て、ナショナル・ユニティ・デーが実現した。部族や宗教の違いを超え、全土から集まった若者たちがスポーツ競技をすること自体に価値があった。南スーダン選手団を東京五輪に派遣する事業も、この大会から育った果実の一つである。

ナショナル・ユニティ・デーは、その後、毎年開催されるようになった。2019年に来日したアブラハム、マイケル、アクーン、ルシアは、いずれもこの大会で優秀な成績を出した選手である。ナショナル・ユニティ・デーがなければ、南スーダン国民の連帯感の醸成はもっと遅れたかもしれない。また、南スーダン選手団が前橋で長期キャンプをすることも、なかったかもしれない。

chapter 02

第２章

受け入れ準備と、来日した南スーダン選手団

section
01 南スーダンオリンピック委員会との交渉

オリンピックの選手団に関しては、当該国の国内オリンピック委員会（NOC）が代表選手の登録や団の管理などを担当する。日本のJOC、南スーダンではSSNOC（South Sudan National Olympic Committee=南スーダンオリンピック委員会）がこれにあたる。

各国の国内委員会は、国際オリンピック委員会（IOC）から公認される必要がある。選手の参加申し込みは、各国のNOCだけが行える。パラリンピックの場合も、これと同じ仕組みになっている。南スーダンでは、組織面でいくつかの課題があり、後に選手の参加資格で問題となった。

2018年11月27日、東京都内のホテルで、SSNOCのEng. JUMA STEPHEN LUGGA LEMI（ジュマ・ステファン・ルッガ・レミ=以下ステファン会長）、Dr. TONG CHOR MALEK DERAN（トン・チョル・マレク・デラン=以下トン事務局長）と前橋市側の事前キャンプに向けた初めての協議が行われた。これは、東京オリンピック・パラリンピック組織委員会が世界各国のNOCを集めた会議を開催したため、ステファン会長とトン事務局長が来日したことから実現したものである。

約3時間に及ぶ会議の結果、「前橋キャンプ」に関する次のような項目で意見の一致を見た。

・事前キャンプを行う種目は陸上競技

・オリンピック選手3人、パラリンピック選手1人、コーチ1人の合計5人の選手団

（選手は2019年6月のアフリカンゲームスで決定）

（選手はIOCの特別枠で出場見込み）

・キャンプ開始は2019年9月をめどとする

「協定書」文面作成で、詳細な議論を積み重ねる

受け入れの概要が決まったので、2019年1月から前橋キャンプの実施に関する「協定書」の内容について協議がはじめられた。この協議は新たにスポーツ誘致係長になった萩原伸一が中心となり、SSNOCのトン事務局長とメールで行われたが、トン事務局長のレスポンスが悪く、その後の色々な調整に支障をきたすことになる。

「協定書」には、事前キャンプの期間、参加人数、サポートの内容、また、市民との交流事業への参加、さらには費用の負担方法などの取り決めが記載される。

焦点となった費用について、南スーダン側は、前橋市に全額負担を要求してきた。前橋市側もJICAとの協議の中で南スーダンの現状を理解していたので、ある程度の費用負担を予測していた。そのため市側は、「選手団の渡航費、滞在中にかかる費用」を負担することに合意した。費用負担については、後日疑義が生じないよう、例えば「航空便はエコノミークラスであること」など、曖昧な部分を残さないように留意した。

「協定書」自体は明確であっても、SSNOCが選手団の個々のメンバーにどの程度内容を伝えたかは別問題である。後に「滞在中の費用」に関して、いくつかの問題が出てきたのも、伝達ミスや文化の違いなどが起因していると思われる。

ギリギリまで交渉が続いた協定書とようやく迎えた調印式

「協定書」は一種の「契約書」であり、将来的に相互を拘束するものだ。他の国との協定書では、使用言語が異なるため、「解釈に疑義

が生じた場合は日本語に従う」としていた。一方SSNOCは、同国の公用語の「英語に従う」とするように強く求めてきたため、それを受け入れた。

また、SSNOCは、前橋市が負担する費用に「女性に特有の生活用品」の記載を要求した。前橋市側としては、「その他、生活に必要な費用」という箇所に含まれるから、あえて必要ないと回答した。しかし、SSNOCの強い要求により「その他、女性に特別必要な物を含めた日本国内での生活等で必要とされる費用」と書くことになった。

なぜSSNOCが「生理用品」を「協定書」に書くことにそれほどこだわるか、正直前橋市側には理解できかねるところがあった。この当時はまだ、経済的な理由などから生理用品を入手することが困難な「生理の貧困」の問題が顕在化していなかった。また、前橋市側の担当者が全員男性であったこともあり、SSNOC側の意図がよく理解できなかったという事情があった。

前橋キャンプを9月に開始するためには、「協定書」を7月中に締結する必要があった。SSNOC側と明確な形で合意しなくては、前橋キャンプの実施を確実なものとしてスタートできない。

このため、あらかじめ2019年7月30日に調印式を行うこととし、タイムスケジュールを常に意識しながら交渉を進めた。1月から協議を開始したのも、当初から余裕を持って話し合えるようにするためである。

前述したようにSSNOCのトン事務局長とのメールによる調整は、なかなか進展しなかった。返信が遅れたり、内容が要領を得ないものだったり、協議は難航した。ようやく全てに合意を得たのが、予定ギリギリの7月22日である。

そして迎えた7月30日。前橋市役所にSSNOCのステファン会長、トン事務局長を招へいし調印式を行うことができた。

前橋市からは山本市長、前橋スポーツコミッション代表委員：静知明氏、前橋市陸上競技協会副会長：中村哲也氏、同理事長：吉野宏氏が参加した。

SSNOCのステファン会長のスピーチ

調印式の後でSSNOCのステファン会長は、前橋市へのお礼のスピーチとして以下のように述べた。

「今回の前橋市のプロジェクトに、心から感謝しています。前橋市での事前キャンプに参加する4人の選手たちの活躍を、南スーダンの全国民が期待しています。彼らは帰国後アスリートとして、南スーダンのスポーツ界をリードしていくでしょう。また、若いアスリートたちのコーチとしての役割も果たすでしょう。

前橋市にお願いしたいのは、フィールドでの技術的なことはもちろんですが、陸上競技の理論、最新のトレーニング方法、集団としての規律なども教えていただきたいのです。なぜなら、そうした『スポーツ文化』は、施設や道具のように、お金では買えないものだからです。日本には、長い時間をかけて築かれたスポーツの伝統があります。日本の選手は、オリンピックや各種の世界大会などで活躍するトップアスリートから、学校やクラブでスポーツを楽しむ子どもたちまで、幅広い裾野を持っています。

日本では、多くの国民がスポーツを通して、目標に向かって努力すること、ルールに従って競技すること、チームとしての団結やチームプレーを学びます。

南スーダンは、まだ若い国です。前橋に派遣する選手団も、まだまだ未熟なところもあるでしょう。でも彼ら、彼女らは、我が国がJICAの支援で行ってきた『ナショナル・ユニティ・デー』から生まれた、我が国が誇るアスリートなのです。新生南スーダンの結束の象徴である彼ら、彼女らが、前橋という最良の地でトレーニングし、東京五輪で全力を尽くすことを祈ります」

訪日のイッガ副大統領の激励

2019年8月29日、来日した南スーダンのイッガ副大統領は、当時の安倍晋三首相を表敬訪問した。イッガ副大統領は、28日から30日まで横浜で開催されている第7回アフリカ開発会議（TICAD7）に参加するため訪日していた。

イッガ副大統領は安倍首相との会談中に、同国の選手団が前橋市での長期キャンプを予定していることに触れ、日本の支援に感謝した。前橋市のホストタウン構想は、南スーダンの和平推進の一環として捉えられていている。会談では両首脳がホストタウン構想を推し進める前橋市のスポーツ分野での協力に対して歓迎の意を表した。

山本市長は、南スーダン政府の要請により、横浜市内のホテルでイッガ副大統領と会談した。副大統領は、同国選手団の長期キャンプを受け入れる前橋市と市民に改めて感謝し、いっそうの支援を求めた。

section 02　紆余曲折を経て、来日までの道筋を作る

2018年11月のステファン会長、トン事務局長との会議の結果を持ち帰り、費用計算をすると、概算で1人当たりの渡航費、1年間の住居・生活費などで400万円、5人で2,000万円かかる。庁内関係部署との協議の過程では「南スーダンの国づくりは、前橋のような一地方自治体ではなく、国の事業ではないか」という意見も出た。

こうした意見に対し、スポーツ課は次のように回答した。「外国の国づくり支援といっても、資金を提供したり、物資を提供するといった援助ではない。長期間の事前キャンプを受け入れ、南スーダンの選手が東京五輪で活躍することにより、同国の民族融和を支援するものだ。実際、スポーツによる『平和づくり』が同国で進行している。また、同国選手団が長期間前橋に滞在することにより、市民との様々な交流を行うことができ、市民にも十分還元できる」

最終的に、全ての関係部署の賛同を得て、市役所全体で前橋キャンプに取り組むことが確認された。

なかなか決まらない来日予定、選手団の選考

ホストタウン構想にもとづく協定書ができても、具体的な受け入れまでは他にもいくつものハードルがあった。まずは、費用の問題。次に南スーダンの選手選考が必要で、SSNOCからの決定を待たなくてはならない。

SSNOCから2019年5月末に、選考基準の一つであるアフリカンゲームスが、8月開催（最終日は8月31日）であるというメールが来た。当初、アフリカンゲームスは6月開催と伝えられていた。2カ月遅れることになる。

選手が決定しないと、ビザ（査証）など入国準備が整わない。入国・滞在に必要なビザや在留資格の取得調整には、2カ月程度が必要と思われた。キャンプ開始は同年9月上旬に予定していたが、やむを得ず、選手団の来日を10月末としてスケジュールを組み直した。

9月10日、選手選考の進捗状況を確認するメールをSSNOCに送ったところ、アフリカンゲームスは予定通り開催されたが、選手は未確定という回答が来た。

そして、ようやく9月20日、SSNOC会長名でメンバーリストの入ったメールが届いた。南スーダン現地では同日、スポーツ・青年文化省次官、SSNOC会長、南スーダン陸上競技連盟会長、JICA南スーダン事務所長、在南スーダンの日本国大使館書記官が同席し、東京五輪に出場する選手団を発表するための記者会見が行われた。南スーダンでの関心の高さがうかがえた。

ビザ（査証）と在留資格の問題

スポーツ課では、2019年5月頃から、入国に必要な準備と関係機関との調整をはじめた。選手団が前橋で長期間トレーニングするためには、まず日本に「入国」するための「ビザ（査証）」の取得が必要で、入国後に「滞在」するためには「在留資格」を得なければならない。ビザは外務省、在留資格は法務省の管轄である。

ビザは、前橋市が必要な書類を来日する選手たちに送り、選手各自が在南スーダン日本国大使館に行って申請し、審査を経て問題がなければ交付される。つまり、前橋に来る選手が決まらないと、この手続きができない。

次に、日本に入国した際に、在留資格を得ないと滞在することができない。出入国管理及び難民認定法には、入国者の来日目的などにより可能な在留資格が定められている。南スーダン選手団の滞在予定は1年という長期間になるので、どの在留資格が申請できるか検討した。

一方で、国際協力関連団体の事業適用による長期滞在も模索した。まず、一般財団法人自治体国際化協会の「外国青年招致事業（JETプログラム）」について、同協会に親身に相談に乗っていただいたが、要件を満たすことは難しいということだった。また、JICAには「研修員受入事業」の適用を検討してもらったが、これも条件をクリアできないとの判断だった。

9月、SSNOCからの連絡で選手団の個人情報が判明したので、すぐに入国・滞在のための本格的な調整に入った。在南スーダン日本国大使館などの関係機関の協力を得て、ビザと在留資格の取得のめどが立ったのは、選手団の来日直前だった。

重要だったJICAの情報提供やアドバイス

南スーダン選手団が来日するまでには、多くの準備や調整が必要だった。前橋市が国際交流として、アフリカの国民を受け入れるのは初めてである。欧米やアジア諸国と比較して交流が少ないアフリカの国の文化や民族性、生活習慣などの理解が不足していた。

情報量が少ない南スーダンに太いパイプを持ち、現地に事務所を置いて豊富な情報や人材を持つJICAは、前橋市に対して常に最新で正確な情報提供を欠かさなかった。これらの情報提供や助言は極めて有益だった。

JICAはメールや電話で前橋市の受け入れ準備にアドバイスするとともに、選手団の来日後も市役所や練習会場を訪れ、前橋市の相談に乗ったり選手団を激励した。

JICAの北岡伸一理事長は、2020年12月1日、山本市長と面談し、前橋キャンプの南スーダンの平和な国づくりに関する重要性について話された。

2018年7月13日の山本市長訪問メンバーの代表者である古川光明氏は、南スーダンでの豊富な経験を生かし、スポーツ課の職員に的確なアドバイスを行った。古川氏は2019年4月に静岡県立大学教授として転職したが、その後も南スーダン事務所長の経験をもとに、サポートを継続した。

友成晋也元JICA南スーダン事務所長は、2019年3月4日に前橋市のホストタウン計画公表の記者会見、また、南スーダンから一時帰国中の12月28日には選手団の激励のため前橋を訪れた。その際、現地から持ち帰った食材などを差し入れし、選手たちに喜ばれた。友成氏は、現地のSSNOCと前橋市の各種調整も行っていた。

山中祥史氏は、2018年の市長訪問の際はアフリカ部アフリカ第一課調査役であったが、現在は南スーダン事務所勤務である。第3・4回のナショナル・ユニティ・デーには現地で参画している。2019年10月31日には通訳ボランティア説明会に出席、11月15日には、来日直後の選手団と一緒に、山本市長を表敬訪問した。2020年10月19日、新任の南スーダン事務所長の相良氏とともに山本市長を表敬訪問し、南スーダン事務所赴任の報告を行った。12月13日は前橋市で行われた「南スーダンパネル展」で講演会に参加した。

元JICA群馬デスクの佐藤祥平氏は、青年海外協力隊員としてバングラディシュやジンバブエに滞在した経験を生かし、地元群馬のJICA国際協力推進員として、JICA本部との各種調整に尽力した。南スーダン選手団の前橋キャンプを市民の立場から支援するために結成された任意団体「南スーダン応援委員会」の代表である。2021年2月の前橋市議会議員選挙で当選し、前橋市議としても様々なアドバイスを行った。

前橋キャンプの予算は「ふるさと納税」で

南スーダン選手団を受け入れる「ホストタウン」構想の大きな課題に、必要な費用の確保をどうするかがあった。南スーダン選手団5人の1年間の滞在費用を、2,000万円と見込んだ。前橋市の財政状況が厳しい中、2,000万円という大きな金額を、なじみの薄い南スーダンという国の人たちに使うことに、市民の理解が得られるか不安があった。

そこで、クラウドファンディング型ふるさと納税制度の利用を考えた。通常のふるさと納税と異なり、自治体が特定のプロジェクトの資金調達の手段として、募集する金額と期間を定めて寄附金を募る制度である。寄附を寄せる人たちにとっては、プロジェクトへの共感がベースになり、事業への参加意識も育てていくことになる。

募集してしばらくは金額が伸びず、スポーツ課内に不安が広がった。このまま数字が伸びなければ、事業の基盤が揺らぐことになる。

2019年4月から10月の7カ月で233万3千円、69件の応募があった。月平均で33万円である。この状況が続いた場合、単純に計算すると、事前キャンプが終わる2020年7月までの16カ月間で530万円程度となる。これでは、目標の2,000万円の達成は難しい。財政担当部署では「最初から難しい話だった」との雰囲気が流れはじめていた。だが、11月14日に選手が来日してから寄附金額が急上昇しはじめた。

これは、メディア、特に各テレビ局の報道が要因だと思われる。アフリカにある南スーダンは2011年に独立した世界で一番若い国、独立後も国内紛争により220万人が難民や国内避難民になっている、食糧も不足していてトレーニングする場所も限られている。そのような国から5人の選手団が来日し、東京五輪のトップを切って前橋市で長期事前キャンプをはじめた、というニュースがスポーツ番組、情報番組などで連日放送された。また、これらの番組の中で、南スーダン選手団の滞在費用は前橋市がふるさと納税で募集している、と説明された。これは、前橋市が番組の中で必ず触れてほしいとお願いしていたものだ。

元々ふるさと納税は、申し込み期限である年末の11月から12月にかけて急増する傾向があり、ちょうど選手団が前橋キャンプをはじめた時期と重なったので、これに並行して寄附が急伸した。

2019年11月：170万円、12月：620万円、1月：140万円、2月：190万円、3月：250万円と順調に寄附金額が伸び、3月末で792件1,614万円まで達した。これで目標の2,000万円のめどがついた。

この寄附金額と件数は、前橋市の関係者を驚かせた。スポーツ課とふるさと納税を所管する未来の芽創造課は、選手団が前橋に来て事前キャンプを開始すれば、ある程度は寄附金が集まると思ってはいたが、苦戦は必至と覚悟していた。その中でも前橋市が注目したのは、寄附件数。1件当たりの平均寄附金額は2万円となる。つまり、大口の寄附金があった結果ではなく、少額でも多くの方々に、前橋市の取り組みに賛同していただいた証しだ。大変ありがたいことだ。

そして、このふるさと納税の結果は、新型コロナによる東京五輪の延期に伴い前橋キャンプも延期することを決めた大きな要因となる。

クラウドファンディング型ふるさと納税は当初の予定通り2020年3月末で終了した。4月からは通常のふるさと納税の使い道に「南スーダン陸上選手等支援・交流プロジェクト」を追加し、継続して寄附金を募集していくことにした。

通訳は市民ボランティアにお願いする

南スーダン選手団の前橋キャンプについては、「言葉」をどうするかという問題があった。選手団のメンバーは、全員英語を話せる。トレーニング現場、日常の生活などで英語の通訳が必要だ。市役所、スポーツ課にも英語のできる職員はいるが、それだけでは足りない。経費が限られているため、その期間、専門の通訳を雇用することは難しい。そこで当初から通訳はボランティアにお願いしよう、という腹案があった。

前橋市では、国際的なスポーツ大会を、ボランティアの協力で運営した経験があった。2018FIG トランポリンワールドカップ日本国・前橋大会は、2018年8月4、5日にヤマト市民体育館前橋にて、19カ国、160人の選手・役員を集めて行われた国際大会である。ここでは一般ボランティア約200人、通訳ボランティア約60人が活躍した。前橋キャンプでは、このトランポリン大会の通訳ボランティアを中心に募集をかけ、最終的に20人以上の通訳ボランティアを集めることができた。

2019年10月、通訳ボランティアの説明会を行った。23人が参加し、ホストタウン事業、南スーダン選手団の概要などを説明した。ここで担当するシフトを決めた。平日と土曜日の練習に対応するため、可能な曜日を決め、1日につき2～4人のグループで対応することにし、急用や体調がすぐれないときは、遠慮なく欠席できる体制とした。

吉野氏をヘッドコーチにコーチ陣を編成

長期キャンプとなると、前橋での本格的なトレーニングが不可欠になる。そのため、前橋市の陸上競技協会に相談し、最高のスタッフを集めてもらうことにした。コーチはボランティアであり、かつ、社会人チームに所属している場合は、所属する会社の理解と協力が不可欠になる。その結果、以下のメンバーが選定された。

○吉野　宏氏（よしの　ひろし）：ヘッドコーチ
- 前橋市陸上競技協会　理事長
- 元群馬陸上競技協会強化委員長（国体群馬県代表監督）
- 高校時代インターハイ100m6位
- 元早稲田大学競走部主将

○伊藤　泰博氏（いとう　やすひろ）：1500m担当コーチ

・前橋市陸上競技協会　副理事長

・元前橋市陸上競技協会駅伝チーム監督

・アスリートクラブ王山　会長

○小渕　瑞樹氏（おぶち　みずき）：短距離担当コーチ

・登利平アスリートクラブ

・2019年日本選手権　400m2位

○山岸　正範氏（やまぎし　まさのり）：400mハードル担当コーチ

・登利平アスリートクラブ

・元国体群馬県代表　400mハードル入賞

吉野宏氏は、前橋市の陸上界の重鎮であり、実績はもちろん、指導力に長け、それぞれ専門の異なるコーチをうまくまとめてくれると期待された。また、温厚な人柄から、外国の選手たちとの折衝能力も十分だった。

小渕瑞樹氏は、日本のトップアスリートである。2019年の春、東海大学を卒業後、地元前橋市の食品会社である株式会社登利平に就職した。東京五輪の出場を目指し、王山運動場で毎週月、火、木、金、土の5日間、午後1時からトレーニングをしていた。南スーダン選手団も、小渕氏の予定に合わせたスケジュールを組むことにした。

section 03 南スーダン選手団を成田で迎える

成田に到着した南スーダン選手団

2019年11月14日、成田空港の到着ゲートで、前橋市から駆けつけたスポーツ課の職員と、南スーダン応援委員会のメンバーが選手団の到着を待ち受けていた。ほぼ定刻通りのフライトで、5人の南スーダン選手団が姿を現した。日本と南スーダン間には直行便がないため、選手団は前日首都ジュバを出発し、ドバイで5時間のトランジットを経て、約20時間をかけて日本に到着した。

ゲートではテレビや新聞社など報道関係者が30人ほど集まってきた。応援委員会の善養寺良子氏が、南スーダンの国旗を広げた。空港ロビーを通る人は「誰か有名人が来るのか？」と興味深げに眺めながら通り過ぎていった。

入国審査が終わった選手団が、空港の職員に先導されながら出てきた。事前に空港にテレビ局から電話があり、通行の邪魔にならないように、職員がエスコートしてくれたのだ。空港ロビーの一角で、報道陣から選手団への取材が30分ほどあった。南スーダン選手団は、東京五輪の先陣を切るかたちで来日したことと、「世界で最も新しい国からきた選手たち」という珍しさもあり、これからもメディアの関心を集め続けることになる。

取材から解放された選手団をよく見ると、ジャージやデニムの上に薄手のウインドブレーカー程度、荷物もスポーツバッグ1個の軽装だった。暖房の効いた空港内はいいが、外に出れば寒さを防げない格好である。前橋のからっ風には耐えられそうもない。想像していた以上に荷物も少なく、これから色々と買いそろえなければいけないな、と出迎えたスポーツ課の職員たちは話し合った。

午後8時頃成田空港を出発し、高速道路のサービスエリアで選手団にとっては日本で最初の食事を取った。興味深げにメニューの写真を見ながら「これは何？」と質問し、全員が「鶏肉の唐揚げ定食」を注文した。母国では鶏肉がポピュラーだという。

当面滞在する前橋市内のホテルに午後10時30分頃到着した。山本市長、南スーダン応援委員会が、「応援Tシャツ」と南スーダンの国旗を掲げて出迎えた。

この日から、南スーダン選手団の東京五輪に向けての事前キャンプ、そして、ホストタウン前橋との二人三脚のドラマが始まった。

選手団、山本市長を表敬訪問

南スーダン選手団は、前橋に到着した翌11月15日、前橋市役所を訪れ、山本市長を表敬訪問した。成田空港の時よりも多くの報道陣が取材に集まり、また、市民の関心も高く、幸先の良いスタートとなった。

市側は山本市長、靜知明前橋スポーツコミッション代表委員、吉野ヘッドコーチ以下コーチ全員、通訳ボランティアは登録された23人のうち5人、南スーダン応援委員会の佐藤祥平氏、善養寺良子氏、JICAからはアフリカ部アフリカ第一課調査役山中祥史氏とJICAの技術協力プロジェクト「南スーダン国スポーツを通じた平和促進プロジェクト」にJICA専門家として派遣予定の徳丸周志氏、内海摩耶氏が参列した。

山本市長は歓迎のコメントを述べた。

「75年前、私たちの街は空襲で燃え尽きました。たくさんの国が

来日後山本市長を表敬訪問する南スーダン選手団

復興を支援してくれました。今度は私たちが、南スーダンを支える番です。前橋市で楽しい時間を過ごしてください」

これに対し、選手団を率いるコーチのMr.ジョセフが感謝を込めた挨拶をした。

「このように前橋市の皆さんや、関係者の方々に歓迎していただき、大変光栄です。われわれは、東京2020オリンピック・パラリンピック競技大会の事前キャンプで、前橋市に滞在します。ホストタウンとしての前橋市、市民の方々が示された行き届いた歓迎に深く感謝申し上げます。われわれは、東京五輪の陸上競技出場のためだけに、前橋市に滞在するわけではありません。大きく発展する前橋市から、スポーツ以外にもたくさんのことを学び、南スーダンに持ち帰りたいと思います。そのため、私と選手4人は単に陸上競技の能力だけでなく、日本の進んだ社会や文化を学ぶ意欲と能力のある者が選ばれました。日本には、私たちの母国とは異なった法律や風習があると思います。われわれは、オリンピック選手団として法律や規律を守り尊重しなくてはなりません。その上で、競技の実力を向上させ社会を学び、市民の方々と交流を深めたいと思います」とMr.ジョセフは締めくくった。

来日直後、キックインセレモニーに参加

11月17日、Jリーグザスパクサツ群馬の前橋市冠試合「MAEBASHI PRIDEマッチ」を観戦。選手団が試合開始前のキックインセレモニーに参加し、山本市長が観戦者に選手団を紹介した。ハーフタイムには、南スーダンPRブースで応援Tシャツの販売を手伝ったり、市民との記念撮影に応じたりした。ナイトゲームだったため、選手団は前橋市の寒さに震え上がり、冬物のウエアの手配を急ぐことになる。

section 04 南スーダンアスリートたちの実力

吉野ヘッドコーチは、最初に選手たちの基礎データを確認した。SSNOCの会長名で送られてきたメールには、選手たちについて以下のようなデータが記されていた。

・マイケル　　男　28歳　パラ100m：12秒25
・アブラハム　男　20歳　1500m：3分43秒36
・ルシア　　　女　18歳　100m：12秒69
・アクーン　　男　17歳　400mハードル：55秒88

実際に各選手の走りを見た吉野ヘッドコーチは、次のように各選手を評価した。

マイケルの記録は、全国中学生男子入賞レベルだ。パラリンピックではどこまで行けるのか、これから各種データを調べる。

アブラハムは、日本の社会人競技で通用するレベルがある。体格は筋肉が付いていないが、今後のトレーニングで力を付けていけるだろう。

ルシアは全国中学生女子入賞レベル。走る時の姿勢が悪く、随分無駄に力を使っている。基本をたたき込めば、ずっと速くなると期待できる。

アクーンは群馬県の高校生入賞レベルだ。アフリカの選手なので、もう少しいい記録を持っていると思ったが、基本的トレーニングを受けていないのが残念だ。

選手たちを見ると、身長、体格、身体能力はかなり高い点数をつけられる。しかし、基本的な走り方のフォームが身についていない。また、筋力が不足している。筋力以前に痩せすぎていて、健康に問題があるのでは、と心配するくらいだ。このことから、南スーダンが今までいかに厳しい状況に置かれていたかが分かる。きちんと食事を取り、基本をしっかりマスターして、後は自分の走りを見つければ、成長が期待できる。

なお、東京五輪の標準記録は以下の通り。

・マイケル　T47　100m：11秒60
・アブラハム　1500m：3分35秒
・ルシア　100m：11秒15
・アクーン　400mハードル：48秒90

SSNOCは「東京大会には特別枠で出場できる」と述べていたが、吉野ヘッドコーチは「標準記録との差が大きく、前途多難である。可能性はあるが、相当の努力が必要だ」と五輪への展望を語った。

王山運動場に設置された横断幕

chapter 03

第３章

選手たちのプロフィールと、東京五輪への想い

section 01 Mr.ジョセフ　公務員として働きながら、サッカーや陸上競技を楽しむ

選手団コーチの Mr. ジョセフ

南スーダン選手団のコーチとして選手を率いているのが、Mr.ジョセフ（OMIROK JOSEPH RENSIO TOBIA＝オミロク・ジョセフ・レンシオ・トビア）である。スーダンのトリット郡（現南スーダン）で生まれ育った。

家は農家で基本的に自給自足の生活だった。父は働き者で塩と石けん以外、何でもつくった。Mr.ジョセフは学校に行く年頃になると親の手伝いをはじめたので学校で満足に学べなかった。

両親の時代は村の中で暮らし、隣村との行き来はあまりなかった。結婚相手も村の中で選び、結納として牛か馬を贈らなくてはならなかった。Mr.ジョセフ自身は4人と結婚し、2人が亡くなっている。一夫多妻はスーダン、南スーダンでは一般的な風習である。子どもは7人、孫が14人いる。

元々運動が得意で趣味でサッカーをやっていた。だんだんと走ることが好きになった。ボールを追ってサッカーをやるのも面白かったが、1人で大地を足で蹴って走ることが楽しかった。それで陸上競技に転向した。

1979年頃本格的に陸上競技をはじめ、5000m、10000m等の大会に出場した。フルマラソンも3時間台で走っている。しかし、1995年に膝を痛め、一線から退いてコーチなどをするようになった。

1980年からは警察官として勤務しながら陸上競技も続けていた。当

時のスーダンでは、警察官と軍隊は同じような役割を持っていたという。公務員としての仕事のかたわら陸上に取り組んできた実績が、南スーダン選手団のコーチに選ばれた背景の一つとなっている。

「シビルウォーは、過酷な体験だった」

南スーダンの独立までは、長い争いがあった。2011年に「南部スーダン自治政府」地域の分離独立を問う住民投票が行われ、圧倒的多数が独立を支持した結果、南スーダン共和国が分離独立した。

この重要な投票に、Mr.ジョセフは警察官として投票事務や警備を担当した。投票には、住民の戸籍をチェックし、登録をした18歳以上の住民が参加した。南部スーダン地域では選挙への関心が非常に高く、担当したジュバの投票所にはたくさんの民衆が集まった。ごった返す群衆を、Mr.ジョセフら警察官が整理し、列に並ばせた。

独立戦争の時は、家族の安全が一番心配だった。Mr.ジョセフのいた地域では、直接の戦闘はなく生活に変化はなかったが他の地方では多くの家族が巻き込まれ、子どもの犠牲者もたくさん出た。

独立後は混乱した時代が続いた。「内戦（シビルウォー）は過酷だった」とMr.ジョセフは語る。さらに「部族が違うと争いになった。兵士が逃げる民衆を囲んで撃った。戦地になった地域では、村ごと逃亡したりそのまま外国に避難したケースもある。内戦が終わっても、戻れない人が大勢いる。いくつもの部族が戦いに加わったが、私の部族は戦っていない。それが誇りだ」

正式な政府がなかなかできなかった。「『自分が大臣だ』と主張する人がたくさん出てきて国がまとまらなかった」と、Mr.ジョセフは当時の状況を回想する。

「前橋に来て、初対面の人が挨拶することにびっくりした」

Mr.ジョセフは混乱の中で、2013年から2017年まで在ケニア南スーダン大使館に勤務した。

大使館には日本の自衛隊員がいて、家族ぐるみで付き合っていた。当時から日本人には良い印象を持っていたという。南スーダンにも「国連南スーダン共和国ミッション（UNMISS：United Nations Mission in the Republic of South Sudan）」で自衛隊が派遣され、様々な任務にあたっていたため、Mr.ジョセフにとって「日本」は、大きな存在感があった。

国際大会の出場や、その後のコーチやアドバイザーなどの経験が評価され、選手団のコーチに任命される。「家族と何カ月も離れて暮らすのは寂しかったが、南スーダンがオリンピックに出るためだ、という誇りも大きかった」。その時は新型コロナによる延期は全く予想できず、結局2年近くの滞在になってしまった。

選手団の一員として前橋に来られたことはラッキーだった、とMr.ジョセフは感じている。役目としてはコーチだが、選手たちの世話役も兼ねている。選手たちのトレーニングは、南スーダンとは勝手が違い、原則として科学的な知識を持つ日本人コーチに従っているという。

初めて訪れた前橋の印象は「大きな街で人が温かい」。何と言っても、初対面のMr.ジョセフに日本人が挨拶してくれて驚いた。南スーダンだと初対面の人には、まず警戒するという。「日本人は、外国人にも笑顔を向けたり、お店で迷っていると、声をかけて教えてくれる。安心できる場所だと思う」と前橋市民との交流を語る。

「戦争を体験すると、平和の良さがよく分かる。南スーダンのオリンピック参加には、特別な意味がある。国が平和でないと競技はできない。色々な部族や国が戦場でなく、競技場で戦える幸せを感じている」とMr.ジョセフは、五輪の意義について語ってくれた。

Mr.ジョセフの悩み

来日して半年が経った2020年4月頃から、Mr.ジョセフが選手やスポーツ課の職員にきつい態度をとり、イライラした様子を示すようになった。何か事情があるのだろうと、スポーツ課の桑原が宿舎近くの中華料理店にMr.ジョセフを誘い、心境を尋ねた。

イライラの原因は金銭問題だった。彼は公務員で公用で日本に派遣されている。ところがその間給料が支払われていないという。妻から「家族が困っているのでなんとかしてほしい」と何度も電話があった。南スーダンオリンピック委員会（SSNOC）に窮状を訴えたところ、「前橋にいるのだから、前橋から給料をもらえ」と言われた。

2019年7月に、前橋市とSSNOCが調印した「協定書」には、「渡航費、滞在費用」は前橋市が負担すると書かれている。つまり、それ以外は南スーダン側が対応ということだ。Mr.ジョセフは「それはよく理解している。前橋市にはよくしてもらっていて、感謝している。しかし、給料が出なくて家族が困窮しているのも事実で、正直、困っている」と心情を吐露してくれた。

スポーツ課や関係者の間では「カンパをして助けよう」という話も出たが、新型コロナの影響などでその先の滞在日程が不明だし、そもそもオリンピックの事前キャンプで来ている選手団に「給料」を出すというのも、本来の趣旨から外れている。

また、選手団の在留資格では就労は禁止されている。自分で働きたいと思ってもそれは法律違反になってしまうのだ。つまり、前橋市から支給される生活実費以外の金銭を得ることは許されていない。Mr.ジョセフには申し訳ないが、現状を変えることはできなかった。

section 02 アブラハム　1500m

アブラハム（GUEM ABRAHAM MAJOK MATET=グエム・アブラハム・マジュック・マテット）は、1999年4月にイエローで生まれた。首都のジュバまでバスで半日ほどかかる町である。イエローは戦争の影響はあったが、実際に戦闘地域にはならなかったため、アブラハムも戦火の記憶はない。

男子 1500m のアブラハム

小学校（プライマリー・スクール）2年までは地元の学校に通った。父は、成績優秀なアブラハムにもっと良い教育をさせようと比較的設備の整っている隣国ウガンダに留学させた。アブラハムは、2008年9歳の時に同国のアワァ（Awa）に行き、現地小学校（シニア）に入り、高校まで教育を受けた。ウガンダの学校では、授業は全て英語だった。アブラハムの両親は部族語で話し、父は仕事などではアラビア語も使った。家族で英語を話せる者は誰もいなかったので、アブラハムにとって、英語は全く初めての言葉だった。最初は何も分からず苦労したが頑張って勉強し、次第に理解するようになった。

暫定憲法（2011年）では、南スーダンの教育制度は、初等教育8年、中等教育4年という仕組みである。しかし、独立直後で未整備な地方も多く、政治の混乱がさらに拍車をかけている。

南スーダンの家族制度は、伝統的に一夫多妻が主流である。父には妻が4人いた。アブラハムの同母きょうだいは男6人、女2人の8人。異母きょうだいも大勢いて、同じ家族として育った。

幼少期には、レスリングや水泳、魚釣りをして遊んだ。友人から借りた自転車で乗り方を覚えた。

ナショナル・ユニティ・デーで400m、800m、1500m全て1位となる

陸上を本格的にはじめたのは、高校に入った頃だった。子どもの頃から走るのが楽しくて、友達と走り回ったり、1人でもひたすら走っていた。たまたま高校のグラウンドで走っていたら、ウガンダの女性アスリートから話しかけられ、陸上をやらないかと言われた。「あなたは走る才能がある。陸上をやりなさい。大会に出ていい成績を取れば、大学にも行ける」。それまではただ遊びで走っていたが、それからは競技として走るようになった。

2012年に父が亡くなった。家計に大きな影響があり、学校を続けるか迷ったが、義理のきょうだいなど親戚がサポートしてくれた。母と妹たちはイエローに帰り、男のきょうだいはジュバに残った。

高校時代に地方の大会に出た際、あるコーチの目にとまり「一緒に練習しよう」と誘われた。2016年までそのコーチに教わっていたが、2017年にコーチが忙しくなり、指導を受けられなくなった。しかたなく、自分で練習プログラムを作って友達と練習した。当時のグラウンドは整備されておらず、トラックは土で雑草が生え、小石なども混じっていた。シューズがなく裸足で走る生徒もいたが、速く走れば誰かに評価される、という気持ちで練習を続けた。

そんな中でアブラハムは学校の長い休みを利用して、南スーダンに帰った。ジュバのブルック競技場で練習していたら、あるコーチから「ナショナル・ユニティ・デーという大会があるから、出たらどうだ」と勧められた。それが第1回大会だった。

ナショナル・ユニティ・デーは、南スーダンにとっても、アブラハ

ム自身にとっても、大きなイベントだった。

アブラハムは800ｍに出場し1位になった。1500ｍは2位だった。2017年の第2回大会も学校の休みを利用して出場し、400ｍ、800ｍ、1500ｍで全て1位になった。

「将来に問題を残さないよう、私たちの世代で解決しよう」

第2回大会は国内で紛争があり、参加できない州もあった。会場や宿舎周辺には兵隊や警備員がいて緊張感があった。政府の要人とJICAスタッフが来て選手の誰かが挨拶をすることになり、みんなから推されてアブラハムが発言をした。

「混乱の中でスポーツをやる機会をつくっていただきありがとう。南スーダンは新しい国で解決しなくてはいけない問題がたくさんあります。しかし、国民が力を合わせれば、きっとよくなり、美しい国になれます。もし、将来も問題を抱え続けていたとしたら、私たちの世代で解決しましょう。ここには、違う部族や地域の者が集まっています。ルールを守り、協力すれば、違う部族の者でも大きなことができるとこの『ナショナル・ユニティ・デー』で学びました。私たち若い世代が『社会を変えていく』という意識を持ち、ふるさとに戻ってから周囲にNUDの体験を伝えましょう。今後も、スポーツを通して平和をもたらすお手伝いをしたいと思います」とアブラハムは挨拶し、大勢の参加者から拍手を浴びた。

筋力トレーニングをするアブラハム

アブラハムは、2018年に高校を卒業して12月に南スーダンの選抜チームに加わり、ウガンダのカンパラで合宿に参加した。最初8人、後に18人が加わり、うち7人が選ばれて2019年8月のアフリカンゲームスに出場した。ルシアとアクーンもメンバーの中にいた。この大会の結果で3人が選ばれ、東京五輪選手団として、日本へ行くことが決まった。

学校訪問で会った、子どもたちの生き生きした表情が忘れられない

南スーダンにいたとき、日本については何も知らなかった。寒いとか四季があるなどは聞いていたが、実際に成田に降りたときは、それほどでもないと安心した。しかし、前橋で暮らすようになると、体験したことがないほどの寒さや冷たい風に「これは大変な所に来たぞ、と感じました」と前橋に来た頃を語る。

前橋の印象は、大きな都市だということ。敷島公園、利根川、川岸の遊歩道など、水のあるところがたくさんあり、池に魚がいっぱい泳いでいてびっくりした。南スーダンではあまり見かけない風景だ。

練習の合間に東京をはじめ各地に行ったが、どこに行きたいかと尋ねると、「ヨコハマ」という。南スーダンで流行った日本の曲に「ヨコハマで会いましょう」という意味の歌詞があった。「『ヨコハマ』とはどんなところだろう。不思議な名前です。日本にいる間に、行けたら行ってみたい」と語る。

地震には心底驚いた。南スーダンには地震がほとんどない。最初の余震でびっくりし、終わったと思ったら、さらに大きい揺れが来て心臓が止まるほど驚いた。

前橋では市民交流として幼稚園から小・中・高校まで学校訪問をした。小学校でスピーチをしたとき、子どもたちが真剣に聞いてくれ

た。「あの表情は忘れません。自分の言葉が、日本の子どもたちに伝わっていると感じ、うれしくなりました」

買い物でたまたま出会った人たちも、「テレビで見たオリンピックの選手だ」と、声をかけてくれた。こういう触れ合いは、戦乱が続いた南スーダンではあり得ないので、改めて平和の大事さを感じたという。

section 03 アクーン　400mハードル

アクーン（AKOON JOSEPH AKOON AKOON=アクーン・ジョセフ・アクーン・アクーン）は、首都ジュバから1時間ほどのところにあるアコンで生まれた。両親と4人きょうだいの6人家族だ。子どもの頃は「コンプリーター」というボールゲームが好きで仲間と楽しんだ。自転車に乗ることは兄から教わり、小さい頃に覚えた。

男子400mハードルのアクーン

独立戦争や内戦の時代は家族でスーダンに住んでいて、直接の戦火は体験していないが、両親から聞いた戦争の恐ろしさは強く感じている。

ボール遊びや友達同士のかけっこでも、アクーンは特別足が速かった。自分では意識していなかったが、12、13歳の時、サッカーのコーチから「君は走るのが速い。その走力は陸上向きだ」と言われ、初めて陸上競技をやろうと思った。第1回ナショナル・ユニティ・デーで400mと800mに出場した。

日本については、「テレビで見て憧れがありました。オリンピック選手として日本に来られたことはとてもうれしい」と話す。東京五輪が延期になった時は残念だったが、その半面、練習する時間が増えたので良かったとも感じた。

日本に来て初めて本格的にハードル競技を学んだ

母国でどんなトレーニングをしてきたのか聞いてみると、驚くべきことが分かった。

そもそも南スーダンには「ハードル」がないらしい。アクーンは、本来400m、800mの選手だった。ウガンダのカンパラで行われた大会に出場した際、突然コーチに「ハードル競技に出るように」と指示された。

ハードル台もろくに見たことがないのに無理だと感じたが、試しに走ってみたところ、1着になった。コーチは喜んで、以後アクーンをハードルの選手にした、というエピソードを聞かせてくれた。

前橋でハードルに取り組みはじめた2020年3月頃から、右股関節の痛みを感じた。吉野ヘッドコーチは「ハードルのスキルが不十分なので、足の使い方に無理があるのではないか」と指摘した。

400mハードルは、陸上競技場のトラック一周に10台のハードルがあり、タイムを競う。ハードルを越える「ハードリング」は特別な技術が必要で、この「跳ぶ技術」が勝敗を決める。

ハードル練習中のアクーン

ハードリングは、左右決まった足で踏み切る。利き腕があるように、ハードルを跳ぶ際にその選手に合った利き足を使う。

アクーンは、左のリード足を先にあげ、右足で地面を蹴って全身を押し出す。この時、両足はいっぱいに広がっていた。リード足の出す角度や、重心のかけ方などがずれていると、股関節に無理な力がかかる。吉野ヘッドコーチは、アクーンの跳び方の未熟さが痛みの原因だと判断した。

アクーンは日本に来て、母国になかったスポーツトレーニングの方法を知った。陸上でも、ただ走るだけでなく、走り方によってタイムが確実に違う。また、ウエイトマシンを使った筋トレのように、全く初めてのトレーニングも体験した。

帰国後は、日本の進んだスポーツトレーニング法を、母国の選手たちに教えたいという。夢は学校の教師になり、教育の一環としてスポーツを教えることだ。施設や設備は不十分かもしれないが、前橋の2年間で学んだことを伝えたいという。

南スーダン人の「名前」

南スーダン人の名前はいくつもつながっていて、どれが氏か名か、外国人には分かりにくい。特にアクーンは、同じAKOONが3つも名前の中にあって、不思議な感じがする。

例えば、アクーン・ジョセフ・アクーン・アクーンの場合、最初のアクーンが曽祖父の名前、2番目のジョセフは本人のクリスチャンネーム、3番目のアクーンは父、4番目のアクーンは祖父の名前である。選手団の他のメンバーについても、ほぼ同じ方式が当てはまるようだ。

前橋市の関係者やボランティアは、覚えやすくなじみがあるクリスチャンネームで呼んでいる。ただし、コーチのMr.ジョセフと区別するため、アクーンは例外的に父祖の名前で呼ばれていた。家族内や友人同士では、また別の呼び方があるようだ。

section 04 ルシア　100m、200m

ルシア（MORIS LUCIA WILLIAM KARLO=モリス・ルシア・ウィリアム・カルロ）は、南スーダン選手団の中で唯一の女性である。ルシアの場合、最初のモリスが曾祖父、ルシアが本人のクリスチャンネーム、3番目のウィリアムが父、4番目のカルロが祖父で、いずれも欧米風の名前である。

女子100m、200mのルシア

ルシアは、スーダンの首都であるハルツームで生まれた。女4人、男2人の6人きょうだいの末っ子である。そのせいか寂しがり屋だ。通訳ボランティアからも、「ルシアは甘えん坊で、おねだり上手。でもかわいい」と言われる。雷や地震の時はびっくりして怖がった。

若いせいか、独立戦争や、内戦はほとんど記憶にない。

日本のお菓子のおいしさに夢中になり、食べ過ぎて虫歯になる

スポーツが好きで子どもの頃はサッカーに熱中した。自転車も12歳の頃、自己流でマスターした。14歳頃から陸上をはじめた。ナショナル・ユニティ・デーには、第1回大会から出場している。第1回は

100mと200mに出場し、以後2回、3回と連続して出場した。走りの素質があり、記録も出していたため、ルシアは安定した評価を受けていたようだ。

母国にいる頃は、日本の印象はあまりなかった。中東、インド、中国の向こうにある遠い国、といった程度の認識だった。実際に来日し、練習の合間にあちこち行ったが、東京のような大都会にある地下鉄、スカイツリーなどは、スゴイと思う半面、怖いという気持ちも抱いた。

前橋は、大きなビルがたくさんあるが、静かで落ち着いたところが気に入っているという。今までの外出で一番楽しめたのは、群馬サファリパーク。好きな動物がたくさんいて、園内の草木や地形が、どこかアフリカに似ているところが気に入った。

日本で感激したことは、お菓子が素晴らしくおいしいこと。つい夢中になって食べ過ぎ、体重を増やし過ぎてしまった。コンビニのお菓子の棚には目がない。料理もおいしいものが多いが、特に好きな料理はチキンカレーだという。

「帰国後は、大学に行ってサイエンスを学びたいです。もちろん、陸上も続けたい。機会があったら、後輩に前橋で学んだトレーニング法を伝えてあげたい。家族と離れて寂しかったが、前橋には親切な人がたくさんいて、ずいぶん慰められました。親友もできました。新型コロナの感染が収まったら、ぜひ、南スーダンに来てほしいと願っています」と語ってくれた。

滞在中、休養日を利用して各地に小旅行した。東京スカイツリーの巨大さに驚く選手団

section 05 マイケル　パラ陸上100m

パラ陸上の選手であるマイケル（KUTJANG MICHAEL MACHIEK TING=クティヤン・マイケル・マチーク・ティン）は、アブラハムの育ったイエロー近くの村で生まれた。

男子パラ陸上 100 mのマイケル

父には2人の妻がいて、マイケルはきょうだい4人と母と暮らし、別に暮らす異母きょうだいがいる。マイケルの家族は部族語とアラビア語と英語を話すが、母は部族語しか話せない。父は遠い別の家に暮らしていたので、母が仕事をしても収入は近所の家の半分くらいだった。このような場合、南スーダンでは親戚や知り合いが援助するが、マイケルの家ではそれがなく、また、マイケルも右腕に障がいがあり、職に就けなかったためかなり貧しい暮らしだった。1日1回食事ができたらラッキーで3日に1回の時もあった。

「南スーダンではリンゴはとても高い。日本に来てスーパーにリンゴが並んでいて驚きました。思い切って買って初めて食べたら、こんなにおいしいものがあるのか、と思うくらいおいしかった。母やきょうだいにも食べさせてやりたい」とマイケルは話す。

マイケルが育ったのは、イエローという地方都市のさらに田舎にある村だった。都市部と田舎では子どもの遊びが違う。街の子どもにはサッカーが人気。マイケルのような村の子どもは、その地方独自のクリケットに似たボールゲームをした。

来日時、成田空港に降り立った選手団の姿は軽装で日本向きとはいえなかった。特にマイケルは質素さが目立った。他の選手は新品のシューズを履いていたが、マイケルだけは色あせたぼろぼろのランニングシューズを履いていた。Mr.ジョセフに許可をもらい、前橋に着くとすぐにマイケルとシューズショップに行った。シューズをプレゼントするというと、黒のシューズを選んだ。「いいのか？」と聞くマイケルに「前橋市民からのプレゼントだ」と答えると、満面の笑みでよろこんだ。

陸上で学校の代表になり、走ることが人生に意味を与えてくれた

マイケルには生まれたときから右腕に障がいがあった。からかわれたり、差別を受けたこともある。しかし、家族がいるし、神様も守ってくれると思って気にしなかった。

小さいときから足が速かった。友達と遊んでいても自分は速いと感じたが、それが特技だとか、何かに役立つとは思わなかった。走ることが社会的に意味のあることだと感じたのは、ナショナル・ユニティ・デーに出場したことがきっかけである。ナショナル・ユニティ・デーでは、宣伝のためのフェスティバルのような運動会を、各地の学校などで全国的に行っていた。

マイケルは色々な大会で勝ち進み、2013年にウガンダの大会に学生代表として出場し、優秀な成績を収めた。そのため、2016年と2017年のナショナル・ユニティ・デーに出られた。障がい者枠はなく、健常者と一緒に走った。100mで4位になった。タイムは12秒25だった。

「障がい者で差別されることが多かったので、みんなと同じ条件のレースに出て勝ったことで自信を持つことができました。走ることには意味があると感じはじめました」とマイケルは話す。

陸上競技をやっていて、専門家に教わったことはなかった。学校か

ら帰り、家の仕事を片付けた後、1人で走って練習した。
「高校を出てからも、スポーツのクラブやチームに入ったことはない。近くの広場にいき、目標を決めて走っていた。走っていると、力が実感できた。また、単純に走るのが楽しかった」

前橋の印象は、人々が温かい

日本に来るとき飛行機から見た東京は、高い建物ばかりでみんなお城に見えた。

「驚いたのは、日本人は見ず知らずの私に近寄ってきて話しかけたり挨拶することです。南スーダンでは他人同士は、距離を取るのが常識です。敵対する部族かもしれないし、前の戦争では敵だったかもしれない。まず知らない他人には声をかけません。ところが、前橋の人は笑顔で近づいてきて話しかける。最初は何か狙いがあるのかと思いました。しばらくすると、全くの善意で、親しみを込めて声をかけてくるのだ、と気づきました。驚いたし、不思議でした」と、マイケルは前橋に来た頃の印象を語る。

交流事業で色々なところを訪問した。最初は緊張したが、良い体験だった。学校や地域の集まりなど、どんなところでも、人々が温かく、やさしくて敵対していない。これはどうしてなのかと考えてしまった。南スーダンでは考えられないことだった。

障がいは神様の贈り物。与えられた命を大切に、走りたい

「日本に行くことが決まってうれしかったです。南スーダンには、障がい者が練習するような環境はありません。前橋の王山運動場のトラックはよく整備されているし、体育館も素晴らしい設備が整っています。とても幸運だと感じます。

新型コロナの影響で東京五輪の延期が決まったときは、残念というのと、時間ができたと両方感じた。延期は練習期間が長くなることを意味していたからだ。実際、自分でもトレーニング不足だと感じていた。また、前橋での科学的なトレーニング方法を知ると、それらをもっと吸収してから、競技に臨みたくなった。

「競技場で生まれた小さな平和を、地元に持ち帰って大きな平和に育てる。それが国中に広がるといいと思います。障がいについてはこの腕は、神様からのギフトだと思う。健常者とは違いますが、神様はこの腕と命をくださった。それに、速く走る足もくれた。だから日本にも来られたし、パラリンピックにも出られます。神様に感謝して精一杯走りたいと思います」と、マイケルは大会に懸ける気持ちを語った。

王山運動場で多川選手と練習するマイケル

chapter 04

第４章

南スーダンというところ

section
01 世界で最も新しい国

南スーダン共和国（The Republic of South Sudan）は、2011年にスーダンからの分離独立の住民投票が行われ、圧倒的多数の賛成を得て独立した国である。国連の193番目の加盟国で、2021年現在、世界で最も新しい国である。

元JICA南スーダン事務所長の古川光明氏が、2013年、独立直後の首都ジュバに入った際は、乗り継ぎを含めて東京から現地まで3日かかった。空港は平屋でクーラーもなく、入国審査や預けた荷物の手続きは手作業だった。道路は未舗装が多く、雨水が流れ轍でへこんだデコボコ道、路肩にはゴミが散乱していた。

各国のビジネスマンが投資目的で数多く滞在していたが、2013年、2015年と政府内部でクーデター事件、抗争が起きて開発はなかなか進まなかった。

民族、宗教などの違う南北スーダンは、別々の国に分かれた

「世界で最も脆弱な国家ランキング」（平和基金会:2014年）、「世界で最も貧しい国」（国際通貨基金:2018年）などでは、いずれも1位にランキングされた。南スーダンは、順風満帆のスタートを切っているとは言い難い国だ。

南スーダンには多くの民族が住んでいる。大小64の部族が暮らし、最大のディンカをはじめ、ヌエル、シルック、他いくつもの少数部族が存在している。部族語以外にアラビア語も使われるが、イギリス統治の影響により、英語が公用語となっている。国際空港はジュバにあるが、未整備のため大型機の離着陸が困難だ。唯一の幹線鉄道のスーダン鉄道は、内戦で破壊され再建中である。

南スーダンの国土を南北に流れるナイル川　写真提供：JICA

宗教はキリスト教が過半数で、それがスーダンから独立した要因の一つになった。一方、イスラム教やアミニズムなども信仰されている。

ナイル川上流の「スーダン」は、19世紀まで南部がイギリス、北部がエジプトの支配下にあった。第二次世界大戦後、両国が話し合った結果、1956年に南北スーダンが統合され、スーダン共和国（Republic of the Sudan）が誕生した。

しかし、スーダン誕生前から南部で独立を求める反乱が起きていた。南部はキリスト教徒が多く、北部主導のイスラム法導入に強く反対した第一次、第二次スーダン内戦（1983～2005）は、長期化し、約250万人の南部人が殺されたと言われている。

2005年の南北包括和平合意によって、6年後の2011年に住民投票で南部の独立を決める事になった。結果は独立賛成派が圧倒的多数で、2011年7月に南スーダン共和国として独立を果たした。

ナイル川、熱帯雨林、また豊かな天然資源の宝庫

地勢から見ると、南スーダンはアフリカ最長の河川・ナイル川の上流にある内陸国である。

南スーダンの隣国は、北が分離したスーダン、東にエチオピア、南がケニア、ウガンダ、コンゴ、西が中央アフリカであり、6カ国に囲まれている。首都はジュバ。面積は約64万平方キロで、日本の約1.7倍。人口1,119万人（2020世界銀行）、GDPは45.8億ドル（2020

IMF）、1人当たりのGDPは322ドル（2020 IMF）。

南スーダンの主要産業は、原油、農業と牧畜である。農産物はトウモロコシ、雑穀、キャッサバ、小麦、サツマイモをはじめ、ピーナッツ、アラビアガムや果物が栽培されている。

元々スーダンは石油の輸出国であり、パイプラインで首都ハルツームに集まった原油は、紅海に面したポートスーダンから輸出されていた。南スーダンとしての独立後、油田の約80％が南部に位置することになったが、スーダンがパイプラインや精製施設、港を支配しているため、南スーダンとしては、せっかくの資源を十分に生かされていない。

石油以外に鉄、銅、クロム、タングステン、金、銀、ダイヤモンドなど、多様な地下資源を有しているが、十分開発されていない。

社会的なインフラの整備が課題

南スーダンとして独立後もクーデター事件や政府内部の対立などから政治が安定せず、人口に対し、220万人が難民・国内避難民となっている。

部族間の対立も根強く、海外から武器が流れ込んだため、抗争が激化することも少なくない。遊牧民は、雨期乾期に牧草や水場を求めて移動する習慣があり、その際、集団同士で争いが生じることがある。

既存の仮設橋

「フリーダムブリッジ」完成予想図

写真提供：JICA

また、結婚の際牛を結納として送る習慣があるため、他の集団から牛を強奪することがよくあり、紛争の火種となることも多い。

首都のジュバで水道が通っているのは約3%、下水はほとんどなく、トイレも少ないので野外や川などで済ますケースが多い。組織的なゴミ収集は一部にとどまる。

都市部を除き、電気、水道、医療などの公的サービスはほとんどない。学校の30%には屋根も壁もなく、60%の生徒が水道とトイレを利用できない。電気が通っている学校は約2%である。南スーダン全体で、生活に利用できる水にアクセス可能な人口は、全体の約55%である。

南スーダンの国家財政のうち、収入の約98%は原油である。石油産業以外の産業は、農業・牧畜以外育っていない。識字率は約27%、出生時平均余命は50歳以下になっている。初等教育の教師のうち30%は給料をもらっていない。中等教育では、教師の約半分が教員としての研修を受けたことがない。そのため、行政をはじめ社会の各分野の人材不足が深刻である。

SSNOCが選手団に期待するものとして、特に「帰国後のスポーツ分野での指導者」を挙げているのも、こうした社会のリーダー層の不足を物語っている。

section 02 南スーダンの「今」

帰国する南スーダン選手団を待つ母国の現状はどうなのだろうか。スポーツ課の職員がJICA南スーダン事務所に聞いた、2021年8月現在の同国の状況をピックアップしてみた。以下の内容は、現地での伝聞情報なども含んでいる。

新型コロナに関しては、2020年4月5日に初めて陽性者が確認され、5月中旬には、1日の新規感染者が最大で180人程度となる第1波に見舞われた。南スーダン政府は4月中旬から、国境および空港の閉鎖、学校の休校、午後10時から午前6時までの外出禁止などの対策を行った。学校の休校は1年以上続き、この間子どもたちは教育を受けておらず、学校が再開されても戻ってくる子どもが減ってしまった。

第1波は7月末には終息したが、2021年2月第2波が来た。今度は1日の新規感染者が最大で350人となったが、3月には終息した。

新型コロナに対する市民の危機感は鈍い

2021年3月以降、新規感染者数は低位に留まり、5月以降の陽性率は1%台である。6月からCOVAX（2020年に発足した、新型コロナウイルスワクチンを共同購入し、途上国などに分配する国際的な枠組み）よりワクチンの寄附があり、希望者には国籍等問わず無料でワクチン接種（アストラゼネカ製）が可能となった。

一方で接種希望者が少なくワクチンが余ったため、7月に使用期限を迎える7万2千回分のワクチンを、COVAXに返還したとの情報がある。7月中旬までに、5万3千人が1回目、4,800人が2回目接種済みである。南スーダンの人口は1,119万人（2020年　世界銀行）であるため、1回目接種率は人口のわずか0.005%、2回目は0.0004%となる。

8月中旬の累計感染者は1万1千人、死亡120人となっている。検査件数は20万件であり、人口のわずか0.02%にとどまっている。

同国政府はマスクの着用や手の消毒を推奨しているが、市民の反応は鈍く、一般市民はマスクをほぼ着用していない。新型コロナについては認識しているが、南スーダンでは他の感染症やマラリアによる体調不良が日常的に蔓延しているため、改めて新型コロナの危機と言ってもなかなか実感できないのが現状である。このことは、前橋の5人の選手団にもあてはまる。

新型コロナよりも、武力紛争の方が社会にダメージを与える

新型コロナで和平プロセスが停滞し、地方では知事や政府役人の任命が遅れているため統治能力が低下し、地方での治安が悪化している。

南スーダン社会の構造的な問題と言える部族間の対立や、牛強奪に起因する争いが激化し、死傷者数も増加している。新型コロナが問題になりはじめた2020年前半には、地方の部族間の衝突が前年に比べて約4倍増加した。特に5月、ムルレ族とヌエル氏族のロウ・ヌエル族の間で大規模な衝突があり、凄惨な事案となった。ロウ・ヌエル側だけでも 200人規模の死者が確認されている。

経済的な影響では、世界銀行が新型コロナ禍における同国の状況を調べた結果、調査対象世帯の13%が2020年4月以降、主要な収入源を失ったと伝えている。一方で、2013年以降の紛争の影響により、国民の約半数が収入を失っている。新型コロナよりも紛争の方が影響が大きいといえる。治安の悪化、劣悪な道路状態、資金不足、需要低迷が経済の悪化の原因になっている。

南スーダンの政府歳入は、9割以上を石油輸出に依存している。そのため、原油価格の変化による影響が大きく、特に2020年春からの

価格の低迷により、同国財政は破綻状態となった。外貨準備は底をつき、現地通貨（SSP）の対ドル為替は1カ月間に約2倍下落し、市内の物価が2倍程度高騰した。

同国は国内の産業が育っておらず、生活必需品や日用品などを輸入に頼ってるため、為替の変化や外貨不足は国民生活を直撃する。産業の育成が緊急の課題である。

13%の失業率、1年で385%のインフレ

一般市民の置かれている経済状況はどうだろうか。ILO（International Labour Organization=国際労働機関）の2020年の推定では、南スーダンの失業率は12.66%とある。治安の悪さから調査が行き届いていないという現状の上での数字である。

現地のJICA職員は、首都ジュバの様子を次のように語る。

「無職の人が多く、収入がある親類などを頼って生活しています。ジュバの通りに出ると、主に男性が道端で椅子に座って知り合いと話していたり、カードゲームをしていたり、仕事がなく一日中何もしていない人たちが大勢います」

同国の国家統計局が世界銀行と英国国際開発省（DFID）の支援で2015～2017に行った調査によると、就業者の83%は農業に従事している。都市部で仕事がないと農村部に帰郷するケースも多く、潜在的な失業者はこれを上回ると思われる。

さらに問題を深刻化させているのが、インフレである。アブラハムは実体験として、2度の国内衝突の後に物価が上昇し、お金の価値が下がったと語っていた。JICA現地事務所によると、紛争にあった2016年には、385%のインフレがあったという。

2011年の独立時は1米ドル=2.95SSP（南スーダンポンド）だった

が、2017年には1米ドル=150SSP（中央銀行公表レート）になっている。約50分の1の下落である。また、2011年時点の物価指数100に対し、2021年6月時で15,973と、10年間で約160倍の物価上昇である。

公務員の給料はSSPで支払われていて、月給12,000SSPは、2011年頃は4,000米ドルの価値があったが、10年後の今日では、30米ドルの価値しかない。新型コロナ感染で奮闘する国立病院の医師の月給が、日本円に換算して約3千円弱なのである。

公務員の月給が3千円、しかも何カ月も遅配

一般市民の物価感覚でいうと、公務員の月給は日本円で約2千円から3千円である。一方、主食のメイズ（トウモロコシの粉）は1キログラム約125円程度。1カ月に4人家族だと、約30キログラムのメイズを食べるのが標準だという。すると、それだけで月給を超えることになる。

また、1キログラムの砂糖は約170円（680SSP）。卵1個は約17.5円（70SSP）。牛肉1キログラムは750円（3000SSP）である。

そのため、貧しい家庭では食事の回数や量を減らしたり、副業をして収入を確保している。公務員でも、給料の遅配が数カ月ということも珍しくなく、バイクタクシーや工事現場でバイトをする人も多い。

このような社会状況の中で、ナショナル・ユニティ・デーはどうなっているのだろうか。

新型コロナ感染防止対策で、2021年のナショナル・ユニティ・デーは中止となった。その代わりにリスク低減措置をとった小規模のイベントを行った。4月に平和大使ワークショップ、6月にミニNUDというスポーツ大会を開催。地方では8月に西バハル・アルガザル州都ワウでミニNUDを開催した。

2022年のナショナル・ユニティ・デーは開催の予定で多くの国民の期待を集めているが、これも、新型コロナ次第で先行きは不透明である。

section 03 友成晋也前JICA南スーダン事務所長に聞く

前JICA南スーダン事務所長の友成晋也氏は、建国直後の混乱する南スーダンで、2019年の第4回からナショナル・ユニティ・デーの実施に尽力してきた。「平和と結束」というテーマを実現するため政治の混乱の中で奔走し、大規模なスポーツイベントを成功させた。

友成氏はもともと慶応義塾大学体育会野球部に所属し、卒業後民間企業を経てJICAに入職。ガーナやタンザニア事務所勤務時代に、ナショナル野球チームを立ち上げた実績がある。

南スーダンの状況と、ナショナル・ユニティ・デーへの道筋を伺った。

「途上国の開発のためにスポーツを活用したいという構想は、以前からありました。私が南スーダンに赴任したとき、国土は荒廃していましたが、それでもスポーツをやる人が結構いたんですね。もともとサッカーとバスケットボールに人気があり、広場で少年たちがサッカーをやり、指導者らしい人が教えている、という風景をよく見ました。サッカーはナショナルチームがあり、近隣国と試合もしています。

陸上については、サッカーほどポピュラーではありません

ナショナル・ユニティ・デー　サッカーの試合の様子

写真提供：JICA

が、シンプルなのでごく普通にやっています。南スーダンでは、実質的に学校体育というのがありません。科目名としてはありますが、施設も道具も指導者もほとんどいません。ですので、『体育の時間』はサッカーやバスケットを勝手にやるか、ボールもないときは陸上でもやる、という感じです」

「宣伝隊」がナショナル・ユニティ・デーをアピール

友成氏はナショナル・ユニティ・デーの企画と、そこに込めた思いを次のように語る。

「首都ジュバには国立陸上競技場があります。グラウンドは土で、スタンドも満足にありません。広さも400mが基準のトラックが380mしかない、といったものですが、それでも自衛隊の施設部隊がグレーダーなどで平坦にして、危険物を取り除いてくれました。

すっかり荒廃していますが、かつてはスーダン南部から集まった選手たちによる大会が行われていたのです。その話を聞いたとき、単なる復活ではなく、新生南スーダンを象徴するイベントに出来ないか、と考えました。

独立や内戦などで中断していましたが、年配の方には、昔のスポーツ大会の記憶があります。若い世代もその話を聞いている人が多い。『ナショナル・ユニティ・デー』は、懐かしい思い出の再生と、新生国家のスタートの両面があると思います。

選手は各地方の代表です。地方ごとに部族が違うので、つまり、部族の代表でもあります。20歳以下の将来を期待される若者たちがジュバに集まりました。

事前に開催地であるジュバ市内を『宣伝隊』がまわりアピールしました。ジュバ市内の広場に人を集め、宣伝隊がコントのような、漫才みたいなことをしてお祭り騒ぎをすると、さらに人が集まってくる。そこで『ナショナル・ユニティ・デー』について話す。自分の地域の代表が出るので、みんな関心を持ちます。こんな地道な宣伝と、テレビやラジオを使って、大会をPRしました。

大会自体は、大成功と言っていいでしょう。一番大事なのは、これまで戦っていたかもしれない若者たちが、同じ場所で寝泊まりし、同じ食事をし、ルールに基づいて平和裏にスポーツをしたことです。選手たちはもちろん、集まった観客も、みんなでスポーツをやるのはいいものだ、と平和の果実を実感したでしょう。ナショナル・ユニティ・デーはこれまで6回実施しています。新型コロナで中断もありますが、これからも継続されていくでしょう」

前橋に送った選手団は、将来の南スーダンを担う、期待の星だ

「前橋市に送った選手は、みな『ナショナル・ユニティ・デー』で活躍した若者です。オリンピックでの活躍を期待しますが、それ以上に、彼らには『スポーツ文化』を日本で学んで来てほしいのです。時間やルールを守る。科学的なトレーニング法や、運営のための組織、システム。それらを支えるインフラや設備といったものです。

日本で学んだスポーツ文化をすぐに南スーダンで実現できるとは思いません。しかし、将来目標とする姿を知っている若者がいることは、夢の実現に欠かせないことだと思います。

実際、今の南スーダンには、スポンサーになるような大企業も、産業もありません。大学を出た人が働くような仕事は、あまりないのです。

しかし私はそれほど悲観していません。地方には農業に適した広大で肥沃な土地があります。仕事がなくても、家族や親戚が助けてくれます。マンゴーやキャッサバは豊富で、飢え死にする心配はまずあり

ません。お金がなくても、なんとか生きていける。そういう安心感が南スーダンにはあります。日本のように、お金がないと人生真っ暗、というのとは別の世界なのです。

その中で、前橋で多くを学んだ彼らが、南スーダンで新しいことに挑戦して欲しい。その期待を込めて、彼らと南スーダンの未来を見ていこうと思っています」と友成氏は、南スーダンの将来を語ってくれた。

section 04 JICA南スーダン事務所の山中祥史氏に聞く

JICA南スーダン事務所の山中祥史氏は、JICAアフリカ部アフリカ第一課調査役時代に、第3・4回ナショナル・ユニティ・デー実現に尽力した。開催に至る課題、大会が南スーダンにもたらしたことなどを伺った。

第3回ナショナル・ユニティ・デーは2018年1～2月に12地域から約310人の選手が集まった。2016年7月の政府軍と反政府軍の衝突のため、事務所員は南スーダンからの退避を余儀なくされ、隣国のウガンダから第2・3回ナショナル・ユニティ・デーの開催を支援していた。この時の様子を、当時JICAアフリカ部にいた山中氏は次のように語る。

「ジュバに戻れない状況においても『平和と結束』の灯を消すまいと、第2回以降もナショナル・ユニティ・デーを支援していく意思を関係者一同で引き継いでいきました。南スーダン事務所員はウガンダから遠隔で連絡を取り合い、ジュバでは文化・青年・スポーツ省（当時）と南スーダン事務所の現地所員が力を合わせて開催準備・実施を進めていました。遠隔支援によるコミュニケーションの難しさはありましたが、それがかえって南スーダンの方々の自主性を育て、南スーダンによる南スーダンのための大会であるという意識が高まったのではないかと思います。

第3回ナショナル・ユニティ・デーが開催されたときは、まだ地方部での衝突が散発している状況にありました。しかし、ナショナル・ユニティ・デーの会場は、集まった観客の熱い声援の中、公正なルールに基づいて競技が進行し、平和的な雰囲気の中で行われました。おそらく会場にいた誰もがが『平和とはこうあるべき』と感じたのではないでしょうか。また、選手たちは一緒に宿舎生活を過ごし今まで接したことがなかった他地域・他部族の友人を作り、『意外といいやつらだ』という実感を持って出身地に帰っていきます。そうした思いが大会ごとに積み重なって行っています。

とりわけ、第3回大会では、『ジュバに行けば殺される』と思い込んでいた選手が、大会参加をきっかけに先入観や猜疑心《さいぎしん》を克服し、社会復帰を果たしたという知らせを聞きました。ナショナル・ユニティ・デーの意義に改めて気づかされたことを印象深く覚えています」

ナショナル・ユニティ・デーが南スーダンにもたらしたもの

「2017年12月に IGAD（Inter Governmental Authority on Development＝政府間開発機構：東アフリカ地域の8カ国が加盟する機構）の調停で、『敵対行為停止合意』が締結されました。第4回大会が開催された2018年1月は、この合意により一時的でしたが衝突が沈静化していた時期でした。開会式

ナショナル・ユニティ・デーでは、異なる部族や地域の若者が、スポーツを通じて交流を深めた

写真提供：JICA

の選手入場の際、平和への祈りを掲げたプラカードに、『赦し・愛そう』というメッセージが書かれているのを見て、若者も平和を希求しているのだ、と感慨深く感じたものです。『ナショナル・ユニティ・デー』は、社会全体を巻き込むような国づくりの運動として、特に若者への影響が高く評価されています。異なる部族や集団でも、敵対する相手ではなく理解・協働し合える相手になりえると、スポーツを通じて共有し、信頼でつながれた新しい平和な南スーダンをつくってほしいと思います。

今回前橋に派遣された南スーダン選手団は、母国の期待を背負った人たちです。みな『ナショナル・ユニティ・デー』を体験し、平和への熱い思いを感じているはずです。帰国後の彼らの活躍を期待しています。

どんな開発も平和が基本です。政治リーダー同士が和平合意を固く守ることも大事です。ただ、それ以上に、国の将来を担う若者が、お互いを理解し、支え合い、結束していける社会があることも大事です。ナショナル・ユニティ・デーが継続し、平和の礎になることを願っています」と感慨深げに語ってくれた。

混乱した社会の再建のために、何が必要か

山中氏が勤務している南スーダンの現状は、われわれ日本人にはなかなか分かりにくい。南スーダン選手団がどのような環境から前橋に来たのか、彼らが帰国後直面する課題などについて伺った。

「南スーダンは慢性的な食糧不足に加え、地方での洪水被害などもあり、人道支援に頼らざるを得ない状況となっています。経済的にも、インフレや貨幣価値の下落により、公務員ですら給与は大幅に目減り（月給8～10ドル程度）していることに加え、政府財政の困窮から3～6カ月も給与の支払いが遅れるような状況が常となっています。

一般の方も含め、日々の食事代のために、副業をしたり、親戚や友人を頼ったりということが日常と聞いています。石油関係の会社以外、大手の企業といったものは少なく、街のビジネスの多くは隣国のウガンダ人やエリトリア人がやっているという光景が目に付きます。南スーダンでは教育や識字率などの問題から、職業スキルが育たず、十分な雇用機会もありません。地方部では、こういった状況に耐えかねた若者グループが、人道支援団体に抗議をしたり、彼らの雇用を訴える声を上げたりするニュースが最近増えています。

行政サービスも十分に機能していないので、インフラも圧倒的に不足していますね。水道は首都でも少なく、多くの人が給水車や、川などでの水くみに頼っています。水道にアクセスできる家庭は、珍しいといっていいでしょう。行政によるゴミ収集も十分ではありません。ジュバ市内にはいたるところに不法に投棄されたゴミの山が目立ちます。

経済・社会の問題が深刻な中、和平合意の着実な履行に期待が寄せられています。和平合意では、2022年に大統領を含む国政選挙が約束されていますが、みんなが平等に投票できるような準備が整うには、法律の整備、有権者登録、選挙事務など、多くの課題があります。このままだと、公平・公正な選挙ができないのでは、と国際社会は厳しくその状況を見ています。もし選挙に参加できない地域などが出てくれば、大きな暴動につながりかねません。また、選挙プロセスや結果が不透明なものであると、それも抗争の原因になりかねません。他のアフリカの国でも選挙の際に紛争が発生するケースはあるので、南スーダンの選挙が、いかに民主的かつ透明性ある形で行われるか、ということは極めて重要な課題となっています。

さらに問題なのが、軍隊の統合です。今、大統領派と反大統領派の軍隊が別個に存在します。和平プロセスでは、昨年、両軍を含めた統合軍ができるはずでした。複数の勢力が個々の軍隊を持っていれば、武力衝突の可能性が高まります。2016年にジュバで起きた衝突の原因でもあり、現在の和平合意ではその反省を踏まえて軍隊の統合が約束されたのです。ただ、残念ながらその進捗は芳しくありません。色々な武装組織を解体し、一つに統合する場合、政治的な綱引きもあれば、新たな軍の指揮命令系統の整理、退役する軍人たちの処遇確保など、多くの課題があるからです。例えば、退役する軍人には、警官、消防官、または、野生動物保護の監視官といった新しい仕事を与えなくてはなりません。

日本に対する南スーダン人の印象は、とても良いと思います。独立後からJICA事業により建設が始まったナイル川を横断する架橋、通称『フリーダム・ブリッジ』は、ジュバ市民、南スーダン国民の希望の象徴です。また、JICA支援による新たな給水施設も、その完成を待ち望まれており、多くの南スーダンの方々から感謝の声をよくいただいています。だから、オリンピック選手団が日本に行くというのは、非常に名誉なことだと感じられていると思います。彼らが帰ってきて、何を伝えるかが期待されますね。

今回前橋市が発行する、南スーダンとホストタウンについての本は、私たちも期待してます。今後、他の市町村が途上国とつながり、途上国の開発への貢献や、日本の市町村の街づくりを進めていくときのバイブルになるのではないでしょうか。課題やトラブルも含め、一つのプロジェクトを行うときの資料として、記録を残しておくことは、とても良いことですね」

南スーダン共和国の主な都市

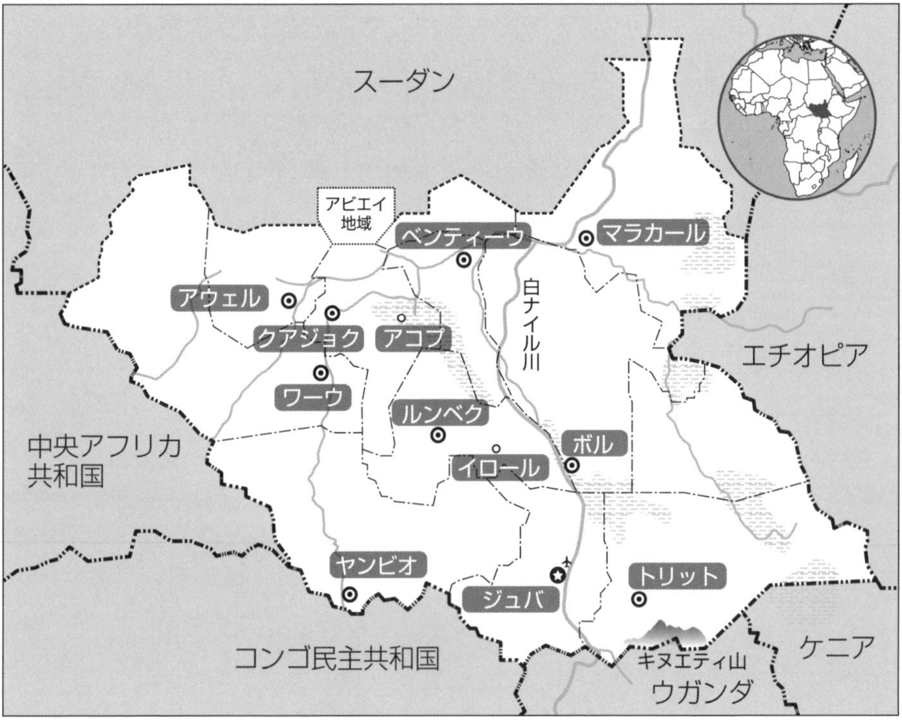

chapter 05

第５章

オリンピックに向けて

section 01 トレーニング開始

南スーダン選手団は、母国での選手生活、トレーニングや各種大会の実績を踏まえて選ばれた選手である。一方、紛争や社会的混乱のため、アスリートとしては厳しい環境に置かれていた。来日後に分かったことだが、先進国で一般的な陸上のトレーニングを、どの選手も十分に受けていなかった。母国でもコーチ役はいたが、専門的な訓練を受けた人材というよりも、陸上経験のあるベテランがアドバイスするといったものであった。

事前キャンプの基本カリキュラムは、スポーツ課、コーチ陣、関係者などの協議の上、以下のような形とした。

前橋市陸上競技協会の吉野宏理事長がヘッドコーチとして、コーチ陣を統括する。選手は皆英語を話せるため、指示は英語で行い、複雑な部分は通訳ボランティアが伝える。トレーニングは週5日、原則午後1時から2～3時間程度王山運動場で行い、後にヤマト市民体育館前橋での体幹トレーニングを追加した。

吉野ヘッドコーチは、「簡単な指示や選手の応答は英語で構わないが、オリンピック選手ともなると、専門的な陸上用語を正確に伝え、将来起こりうる身体的な不調や故障などの訴えを理解しなくてはならない。そのため、専門の通訳はぜひ必要だ」との見解だった。そのため、予備や交代を含め、トレーニング日に2人程度が付き添えるように通訳ボランティアのシフトを組んだ。

宿舎との往復は、南スーダン応援委員会を通じて手配した自動車を使用した。運転は通訳を兼ねたドライバーが担当したが、週5日のドライバーをボランティアにお願いするのは非常に難しく、保険なども考えて臨時職員を雇用した。

本格トレーニングが始まる

前橋市で最も大きな陸上競技場は、前橋総合運動公園にあるJAAF第3種公認の群馬電工陸上競技・サッカー場である。1,100人収容のスタンド、全天候型400mトラック8レーン、100m8レーンがあり、各種競技の大会や、トレーニングに利用されている。しかし、南スーダン選手団は長期キャンプなので、練習日を確保しやすいことが必須条件だった。また、ホストタウンの大きな目的の一つが市民との交流であり、選手との距離感が近い王山運動場を選択した。

王山運動場は、全天候型400mトラックが2レーン、100mは4レーンと小規模の陸上競技場である。そのため、他のグループのトレーニング、大会などと重なりにくく、選手団のスケジュールが比較的自由に組めた。また、近くの中学や高校の部活で利用されるなど、「市民との交流」には非常に望ましい環境だった。実際に選手たちは、王山運動場でトレーニングする中で多くの学生や市民と交流を持ち、人間関係を育てていくことになる。

2019年11月18日の午後1時にトレーニングが開始された。選手たちはコーチ陣4人が見守る中、一通りのメニューをこなした。吉野ヘッドコーチの感想は「身体能力は高い。才能は非常にある。ただし、基本的なフォームや競技感覚が整っていない。陸上競技者として、基本がずれているところがいくつもある。ある種、才能に頼って自己流で走ってきた印象だ。磨かれていない原石といっていい。やるべきことはたくさんある。オリンピックまでは8カ月しかない。限られた時間に何をするかが問題だ」と語った。この時点では、東京五輪が延期されるとは、誰も予想していなかった。

section
02 まだ開発されていない筋力・体幹を鍛える

王山運動場でのトレーニングが進むにつれ、コーチたちは南スーダン選手団の姿勢がぐらついたり、安定しないのは、筋力が不足しているからではないか、と考えるようになった。試しに腹筋やスクワット、腕立て伏せをやらせてみると、驚くほど弱体だった。日本で高校・大学などの陸上部にいる学生なら、腹筋や腕立て伏せを数十回はできるだろう。しかし、南スーダンの選手たちは、数回の腹筋、1、2回の腕立て伏せで音を上げてしまった。これを見た吉野ヘッドコーチは、基本的な筋トレと、特に体幹強化が必要だと判断した。

そこで毎週2回、ヤマト市民体育館前橋で体幹トレーニングを実施することになった。2020年4月頃から新型コロナの影響により、王山運動場でのトレーニングが制限されたので、筋トレで補強しようという側面もあった。短期間で効果が顕著であったため、以後体幹トレーニングや筋トレを継続して行うことになる。

指導に当たったのは、前橋市陸上競技協会会員で同体育館に勤務している八木均氏である。

八木氏は、NPO法人日本スタビライゼーション協会の認定講師でもあるため、体幹トレーニングの専門家として、選手たちの筋力アップが期待できた。300mの元高校記録保持者であり、陸上選手の課題を知り尽くしている点でも、選手たちのよ

王山運動場で選手と並ぶコーチ陣

い相談相手になった。

これまで筋トレの経験がない選手たちに、このトレーニングは好評だった。そもそも南スーダンには筋トレのマシンがなかった。マシンを使った筋トレは、やり方によってはダメージを及ぼす危険性もあるため、八木コーチから正しい方法で指導を受けることが重要だった。

2020年5月に緊急事態宣言が解除され、王山運動場でのトレーニングが再開した後も、火曜日と金曜日は、ヤマト市民体育館前橋で八木コーチによる、1時間程度の筋トレと体幹トレーニングを行うこととなった。

八木コーチの見解

ヤマト市民体育館前橋に通うようになった選手たちに、八木コーチは基本的な運動指導を行った。前述したように、腹筋や腕立て伏せが満足に行えない。パラリンピックのマイケルは、身体的条件が異なるが、それでも腹筋やヒンズースクワットなどがまともにできなかった。

「正直言って最初は驚きました」と八木コーチは語る。「あれだけの記録を出しているアスリートが、腹筋上体起こしが1回もできない。腕立て伏せも数回がやっという有様でした。腹筋は割れていて筋力はあると思われるのに、それをどう使うかが分からないようなのです。信じられませんでした。改めて日本の体育教育のレベルの高さを感じました。特に部活でスポーツをやらない子でも、体育を一通り学べば、走る、跳ぶ、泳ぐなどを経験し、基礎的な運動能力を身につけます。この基本が分かっている、ということが大事なんですね。南スーダンの選手は、走ることに特化していたので、その他の筋力が未熟でした。そのため走るときに体のバランスが悪くて上体がふらつく、傾くといった現象が出ていたのです」と八木コーチは語る。

マシンを使ったトレーニングで体幹を鍛える

2020年8月から八木コーチによる本格的なトレーニングが始まった。危険をさけるため軽いウエイトからはじめ、だんだんとレベルを上げていった。ベンチプレス、スクワット、パワークリーンなどを組み合わせたプログラムである。

選手たちは、マシンによるトレーニングがトラックでの競技にどうつながるか分からず「無駄なことをしている」という拒否感を示した。しかし、続けていくと筋力が増え、実際にトラックでの記録も良くなっていった。そうなるとモチベーションも上がっていく。

マイケルも身体の状態に合わせ、片手で挙げられるようなベンチプレスや、リストウエイトなどを組み合わせた。体幹トレーニングが進む中で、マイケルは走りでも自己ベストを更新した。

「スプリンターは、前に進む推進力が重要です。筋トレをする前は体幹が弱いので、走りながら体がぶれていました。筋力が付くにつれて上体がしっかりしてきて、記録が伸びてきました」と八木コーチは選手たちの進歩を説明する。

八木コーチによると、2020年初めの頃の4人の体は、日本の大学生未満のレベルだったという。それを持ち前の身体能力でカバーし、ある程度の記録を出していた。中学生の頃からコーチについて基礎訓練を受ければ、ずっと記録が伸びていたはずだという。八木コーチの見立てでは「アクーンは400mで48秒台、ハードルで54秒台でもっと伸びる余地がある。アブラハムは1500m3分40秒くらいだが、3分30秒台で走れるはずだ。ルシアは100メートル12.5秒だが、トレーニングで11秒台も可能な素質がある。マイケルはパラの100mで10秒台に入る可能性を持っている。ただ膝の故障が心配だ」と各人を評価する。

八木コーチがヤマト市民体育館前橋や、王山運動場の練習の様子を見ていると、自分のメニューが終わるとすぐ寝転がって休む癖に気づいた。走るとき以外、マシンに取り組むとき以外は、ごろりと横になったり、壁にもたれたりする。

「彼らになぜかと聞くと、南スーダンにいたときの食糧事情があると分かりました。むやみに体を動かすと体力を消耗して腹が減る。しかし、食糧は十分ではない。そのため、必要最小限のトレーニングに全力で取り組んだ後は、なるべく動かないようにしていたのです。オリンピックは、色々な国の選手が集まります。それぞれの置かれた環境の中で、精一杯頑張る選手の姿を評価してあげたいですね」と八木コーチは述懐した。

選手たちは「マシンを使った筋トレや体幹トレーニングは、南スーダンではやってない。帰国後は、こうした新しいプログラムを取り入れたい。基礎から選手を鍛えるトレーニングが必要だ。そういう指導をするためにも、八木コーチの技術をよく学びたい」と語っている。

南スーダン選手団がこなすトレーニングメニュー

数週間選手たちを指導していると、各選手のスキルや特性が分かってくる。コーチ陣はさらに日本選手と違った南スーダン特有の個性なども、だんだんと理解できてきた。それらをもとに、吉野ヘッドコーチや山岸コーチを中心に作成された基本的なトレーニングメニューの例を別表で紹介する。

短距離：アクーン、マイケル、ルシアの練習メニュー。

2020年12月サーキット・トレーニング例

スプリントサーキット（持久系）
セット数：4セット（種目は30秒）

1	マウンテンクライマー	※腕立姿勢でもも上げ　※上半身（腹部）
2	スプリントジャンプ	※下半身
3	バイシクルクランチ	※上半身（腹部）
4	プッシュアップ	※上半身（腕）
5	背筋	※上半身（背中）
6	プランク	※上半身（腹部）
7	バービー	※下半身

- 移動方法
  ①もも上げ（技術トレーニング）　②高速スキップ（技術トレーニング）
  ③バウンディング（瞬発系トレーニング）　④ランニング
- リカバリー短めの持久系の基礎トレーニング（体幹部分が全員の弱点のため多め）
- 体力状況によって快調走（70%ぐらい）追加

2021年　年初のトレーニング例

日　付	練習内容	注意点
1月1日(金)	休み	
1月2日(土)	休み	
1月3日(日)	休み	
1月4日(月)	ウォーミングアップ ※ジョギング長め （80m×6）×2 R=10分	直線、流し コーナー歩き ※休み明けのため上げすぎず フォームチェックを意識する ※大きく動く
1月5日(火)	ウエイトトレーニング	
1月6日(水)	休み	
1月7日(木)	（250+200+150+100）×2	フォームチェック走　70% ※ルシア、マイケルは200mから ※大きく動く
1月8日(金)	ウエイトトレーニング	
1月9日(土)	シャトルラン アクーン：（100×3）×2 ルシア、マイケル：100×2）×2	スピード練習
1月10日(日)	休み	

今週の狙い▶休み開けのため強度低めで元のリズムに戻すことを最優先する。

2021年2月　雨の日タバタメニュー（全員）

1	スクワット（インターバル） 30回×5セット）×2セット マイケル：両足ヒップリフト	下半身
2	バイシクルクランチ（インターバル）×2	上半身
3	片足スクワットジャンプ左右10回 +両足ジャンプ10回）×3 ※腹筋	下半身
4	背筋（インターバル）20秒×5回）×2	上半身
5	ボックスジャンプ 両足ジャンプ×10）×3回　片足5回×3回	下半身
6	腕立て伏せ（上5秒+下5秒）5回×3セット	上半身
7	片足ヒップリフト各20回×3セット	下半身
8	足上げ腹筋30回×3セット	下半身
9	サイドスクワット+フォワードランジ +スクワット+ジャンプ）各10回×2	下半身

コーチ陣は、緻密なメニューで選手団のトレーニングを指導した

以下は、長距離：アブラハムの練習メニュー。

1	ウォーミングアップ	1200m（グラウンド3周）ジョギング（Jog）、体操
2	Jogとウィンドスプリント（WS）	800m Jog、WS 200m×5本
3	本練習	
	月曜日	インターバル 1000m×5本（2分50秒から3分） 200m（90秒）Jog、30分 Jog 補強（腕立て伏せ、腹筋、背筋を各25回×3セット）
	火曜日	ペース走 4000mペース走（80秒）と 400m全力（グラウンド10周後400mを全力で走る4400m走）
	水曜日	休養日
	木曜日	ファルトレク 利根川河川敷　WS 80m×4 芝生の大回りを60分（1周3分ペース）20周 Jog
	金曜日	レペティション 3000m（9分20秒）×2本　（リカバリー2周） 1000m（2分50秒）×2本
	土曜日	ビルドアップ走　5000mまたは10000m 1000m（4分） 2000m（3分50秒） 3000m（3分40秒） 4000m（3分30秒） 5000m（3分20秒） 6000m（3分10秒） 7000m（3分10秒） 8000m（3分10秒） 9000m（3分5秒） 10000m（Free）
	日曜日	休養日

練習は王山運動場、または、利根川河川敷で行い、練習後には必ずクールダウンを習慣づけた。メニューは、選手の体調や進捗状況によって変更され、オリンピックに向けて強化練習が続くことになる。

section 03 大会に出場、外部選手との交流で、真の実力を測る

2020年2月中には、東京五輪までに参加する群馬県内外の大会をピックアップし、大会主催者に特別に参加できないか連絡を取りはじめた。しかし、新型コロナの感染拡大により、全て延期または中止になってしまった。

大会の参加は、本番に向けて競技会に慣れておくこと、練習の成果と課題を確認すること、さらに、公式記録を残すことなどから重要だった。

ようやく7月に入ると、県内の大会や記録会が、無観客ではあるが開催された。一般財団法人群馬陸上競技協会、公立大学法人高崎経済大学、国公立大学陸上競技連盟のご厚意により、各種大会にオープン参加することができた。

選手たちにとって、久しぶりの公式大会出場の結果

2020年に出場した各大会・記録会のタイムは次のとおりである。

2020年7月18日の「群馬県陸上競技選手権大会」は、アブラハム、ルシア、アクーンにとっては、2019年8月のアフリカンゲーム以来2年ぶりの大会出場であった。マイケルに至っては、2017年2月のナショナル・ユニティ・デー以来である。日頃のトレーニングの成果がどう出るか、各選手はもちろん、コーチ陣も緊張する競技会であった。

なお、「来日前自己ベスト」のアブラハム1500m、アクーンの400m、ルシアの記録は、2018年8月のアフリカンゲームのもの。アブラハムの記録はナショナルレコードである。ルシアの話では、自己ベストはもっと速いらしいが、手動計測した南スーダン国内の大会のもので、公式には認められない。マイケルの100mの記録は、ナショ

ナル・ユニティ・デーのもので、手動計測だが、他の記録がないために、これを自己ベストとした。アブラハムの800mとアクーンの400mは大会に出場していないため記録なし。

約1カ月の緊急事態宣言下での練習不足があったが、アブラハムとルシアの200mを除いて、自己ベストを更新できたのは、大きな成果である。選手たちにとって、定期的にレースで走ることが重要となった。

課題として浮かび上がったのは、アブラハムの記録が伸びないことである。原因は中距離選手にもかかわらず、トレーニング・パートナーがいないことだ。陸上関係者は「中長距離を1人で走ると、モチベーションを保つのが困難になる」と指摘する。アブラハムの練習日は平日の午後のため、同レベルのパートナーを見つけるのが余計に難しい。

大会名・日付 選手名・種目		来日前 自己ベスト	群馬県陸上競技 選手権大会 7月18日	群馬県陸上競技 記録会 7月25日	群馬県陸上競技 夏季強化記録会 8月30日	高崎経済大学 記録会 9月6日	国公立大学対抗 陸上競技大会(上尾) 9月22日～24日
アブラハム	1500m	3:43.36	3:48.58	—	—	—	3:53.22
	800m	—	1:51.65	1:54.63	—	1:53.57	—
マイケル	100m	12.25	11.75	11.74	12.14	11.59	11.91
	200m	—	23.02	—	—	—	23.93
アークン	400m	—	49.77	—	48.98	49.68	48.89
	400mH	55.88	54.83	54.08	—	—	—
ルシア	100m	12.69	12.43	12.59	12.63	12.44	12.88
	200m	24.95	25.23	—	—	—	26.55

競技経験のある前橋市職員との合同練習

選手たちの様子はメディアで報道され、ほとんどの前橋市民は、「南スーダンのオリンピック選手が前橋に来て練習している」ことを知っていた。スーパーなどで買い物中の選手たちを見かけると、声をかけてくれる市民も少なくなかった。

それとは別に、王山運動場でトレーニングの際、同じグラウンドで練習する学生や社会人ランナーと知り合い、交友を深めることもあった。ただ、選手はそれぞれ種目が異なるため、同じ競技の選手と一緒に練習をする機会があまりなかった。陸上では、単独よりもパートナーと走った方が成果が上がる。特に中・長距離は、それが顕著だ。そうした練習パートナーを探していたところ、前橋市役所の中に陸上をやっている職員がいることが分かった。

一木悠太氏は、高崎経済大学時代に800mで関東インカレに入賞した選手で、現在はフルマラソンに転向。自己ベストは2時間32分台で、海外の大会でも入賞した経歴を持つ。一木氏はランナーとして「1500mを1人で練習するのはつらいですよ。アブラハムさんがよければ、一緒に練習したいですね」と言ってくれた。さらに、一木氏の仲間のランナーも参加することになった。

2020年9月下旬の土曜日、一木氏、一木夢香、春木彩利、根岸走、廣木大地ら各氏が王山運動場に集まった。全員大学時代に中・長距離のランナーとして活躍していた経験を持つ。アブラハムもパートナーができたことを喜びすぐ練習が始まった。

その後ほぼ毎週メンバーが集まり、土曜日の合同トレーニングは定例化した。アブラハムの練習メニューは、土曜日のトレーニングを中心に組み立てられることになった。

この合同トレーニングは、2020年末まで続いた。最後の1500m

タイム計測では、一木悠太、根岸走、廣木大地の各氏が分担して伴走し、アブラハムは3分43秒の自己ベストを出した。

TWOLAPS TC の横田真人氏の協力

2020年12月にJICAの企画で、マイケル、アブラハムと陸上界の有力者との座談会が企画された。出席したのは、オリンピアンの横田真人氏である。

横田氏は中距離が専門で、日本選手権男子800mで6回の優勝経験がある。慶応義塾大学で活躍し卒業後富士通に入社。800mで日本人として44年ぶりのオリンピアンとなりロンドン五輪に出場した。その後、ロサンゼルスで2年間トレーニングを重ね、米国公認会計士試験に合格した。富士通退社後、NIKE TOKYO TCのヘッドコーチに就任、現在はTWOLAPS TC 代表兼コーチを務めている。

座談会の中で、アブラハムが1人でトレーニングしていることを知った横田氏は、合同練習や大会への参加のサポートを提案した。以後、アブラハムは横田氏の提案した合同練習などに参加し、実力向上に大きく寄与することになる。

アブラハムの長距離への挑戦

アブラハムは、身近なアフリカ選手の活躍に大きな刺激を受けた。2020年8月、ウガンダのジョシュア・チェプテゲイが、男子5000mで12分35秒の世界新記録を樹立した。チェプテゲイは、アブラハムがウガンダで一緒にトレーニングした仲間である。チェプテゲイは、10月にも26分11秒という10000mの世界新記録も樹立した。

アブラハムは、このニュースを興奮した様子で語った。アブラハムにとって身近なアスリートが、世界を舞台に活躍して新記録を立てたということは、彼自身の目標にもなった。

実際、チェプテゲイは東京五輪で、5000m金メダル、10000m銀メダルを獲得した。

アブラハムは、2018年までウガンダでチェプテゲイと練習していた頃、5000mと10000mにも取り組んでいたという。

アブラハムは日本語の上達も早く、とてもスマートで真面目な青年だ。前橋でのトレーニングに取り組む姿勢も素晴らしく、皆から好かれている。スポーツ課は、10000mでいい記録が出て、駅伝に力を入れている日本の企業から声がかかれば、五輪後も日本に残れるかもしれないし、母国の家族に仕送りができれば最高だと考えた。そこで、10000mにチャレンジしてはどうかと、Mr.ジョセフを交えて話をした。アブラハム本人は「ぜひ、やりたい」と返答した。Mr.ジョセフは、「五輪が近くなったら、1500mのためのスピード練習に切り替えれば問題ない」とのことだった。

吉野ヘッドコーチとアブラハム担当の伊藤コーチにこのことを説明したところ、「1500mのために長距離の練習をするのは問題ないし、アブラハムの五輪後のことを考えればトライしてもいいのではないか」との見解だった。

アブラハムの長距離のトレーニングは、1人では効果が限定される。大学やクラブチームの練習に参加することが必要だった。

前橋陸協の関係者などに相談したところ、トレーニングパートナーとして育英大学陸上競技部の長谷孝治部長兼監督の名が挙がった。10月中旬、スポーツ課と、Mr.ジョセフ、アブラハム、八木コーチが相談に伺った。

育英大学の陸上競技部は、2024年の箱根駅伝出場を目指して中・長距離に力を入れていた。スポーツ課や八木コーチの説明に対し、長谷監督から「男子駅伝部の練習に参加する方向で学内の調整をしていきたい」という前向きな回答をいただいた。

育英大学男子駅伝部とアブラハムの合同トレーニング

育英大学駅伝部とアブラハムの合同トレーニングは、新型コロナの感染拡大により、2021年1月になってから始まった。

1週間のスケジュールは、週3日～4日、午前6時から利根川サイクリングロードでの早朝ランニングと午後5時前後から王山運動場でのトレーニング。

合同トレーニングをはじめてから、アブラハムは駅伝部員と合流するため、午前5時30分頃アパートを出発し、自転車で利根川サイクリングロードへ向かった。選手団の住むアパートからサイクリングロードまでは約30分程度の距離だ。通常選手たちの移動は、スポーツ課が管理する送迎車を使っていたが、駅伝部員との早朝ランニングはアブラハムも前橋に慣れてきたため、自転車を使うことにした。

前橋市の1月の日の出は午前7時前であり、アブラハムがアパートを出る頃は真っ暗だ。最初は道順の確認も含め、職員が利根川サイクリングロードまで自転車で同行した。練習が始まると、職員は駅伝部のランニング10km～15kmを自転車で追走し、アブラハムの様子の監督役も務めた。トレーニングが始まったのは、1月の厳寒期である。初日、2日目と最低気温が零下3度、同6度と非常に厳しい冷え込みとなった。その中を自転車で走ると、同行した職員も寒さに震え上がった。これまで車で移動してきたアブラハムにとって、利根川の川面を吹き渡るからっ風は、つらかったはずである。

駅伝部とのランニング中、アブラハムはしきりに手を下に振る行為を繰り返した。練習後その理由を聞いたところ、寒さで指先の感覚がマヒし、その後痛みを感じたため、手を振って血行をよくしていたのだ、という返答だった。足の指先も最初の10分くらいまでは痛みが激しく、体が温まってくると少し軽減するという。足を見せてもらうと、指の先の部分が白く変色している。毎朝午前5時30分にアパートに迎えに行くことは職員の負担が大きいが、寒さが原因でアブラハムがけがをすることを避けるため、以後は職員が車で送迎することとした。

駅伝部との合同トレーニングは東京五輪直前まで続き、アブラハムの走力向上に大きく役立った。

マイケルの良きパートナー、AC・KITA多川知希選手

同じ種目の選手との練習は、アスリートにとって極めて重要である。南スーダンでは通常の競技枠の中で、健常者の選手と一緒に走っていた。そんなマイケルと共に走り、アスリートとして親交を結んだのが、リオパラリンピアンでAC・KITA男子キャプテンの多川知希氏である。

マイケルと合同トレーニングをしたAC・KITAの多川選手

AC・KITAは、陸上競技を通じて本当の意味でのバリアフリーを目指しているクラブチーム。健常者と障がい者が、自己記録更新から世界の表彰台までを目標に、共に頑張っている。

多川氏は 2021年3月東京で行われたWPA公認第32回日本パラ陸上競技選手権大会で、マイケルと初めて出会った。この大会でマイケルは、T47の100mで11秒42を出し1位となった。このタイムはマイケルの自己ベストである。同じレースに出た多川氏は11秒57の3位だった。

また、4月に高松で行われたWPA公認2021ジャパンパラ陸上競技大会でも同じレースに参加した。T47の100mでマイケルは11秒51で1位、多川氏は11秒53で2位、また、T47の200mではマイケルは22秒97で1位（自己ベスト:追い風2.2ｍのため参考記録）、多川氏は23秒45で2位となった。この大会にマイケルが出場できたのは、日本パラ陸上競技連盟のご厚意である。

これらのレースで一緒に走ったことから声を掛け合う仲になり、親しくなった。多川氏はマイケルが練習パートナーで苦労していると知った。そこで機会あるごとに前橋を訪れ、一緒に練習した。オーソドックスなメニューから、マイケルが苦手なスタートダッシュなどに取り組んだ。多川氏は同じアスリートとしての立場から、マイケルについて次のように語る。

「最初会ったときは、背が高く痩せていて長距離選手の体型だなと思いました。私はT47クラスで100m、200m、マイケルは400ｍとか、もっと長い距離が向いているという感じでしたね。走りのスタイルは、スタートで遅れ後半長い足を生かして追い上げるというタイプです。スタートがうまくなり、筋肉を付ければもっと記録は伸びます。その方向で練習をしました。

南スーダン選手団と一緒に走りたかったので、東京からAC・KITAのメンバーを連れてきて、合同練習を行いました。レクリエーションとして南スーダンと日本人の混合チームで、リレーをしました。これは盛り上がりましたね」

スタートについて多川選手からアドバイスを受けるマイケル

合同練習は、1回目2021年5月22日王山運動場、2回目6月5日葛飾区の奥戸総合スポーツセンター運動公園、3回目6月19日前橋総合運動公園群馬電工陸上競技・サッカー場で行われ、前橋の練習はアクーン、ルシアも参加した。

多川氏はもちろん、AC・KITAのメンバーも選手団との交流を楽しんだ。マイケルも技術や走力が向上し、本番の東京パラリンピック出場をみんなで楽しみにしていた。

ところが様々な事情でマイケルは出場できなくなってしまった。多川氏は我が事のように悲しんだ。アブラハムとルシアが東京オリンピック・パラリンピック選手村に入村した後、出場できなかったマイケルとアクーンは、前橋を訪れた多川氏と、7月31日王山運動場で最後の合同練習を行った。

障がい者とスポーツについて多川氏は次のように語る。

「日本は施設など南スーダンより恵まれた環境にあると思います。記録も伸びやすい。一方で、スポーツは記録を伸ばすことが全てではありません。自分の能力を試したり、仲間と競い交友するのも大事です。スポーツをする者なら、誰でも自分のいる環境の中で、どのように最善を尽くせるかを心がけるべきです。工夫と努力で乗り越えられるものはたくさんありますからね」

多川氏は、帰国後のマイケルやSNSで連絡を取り合い、近況報告をしている。母国に戻った選手たちは、それぞれの場でよく頑張っているな、と感じている。

「マイケルたちと会って、南スーダンという国に関心を持ちました。現地に行くのはなかなか難しいと思いますが、ネットでつながっているので、気持ちは離れませんね。彼らとは、いつかどこかの大会で会いたいと思っています」と多川氏は語ってくれた。

パラ陸上の実力者反町公紀《まさとし》選手が、選手団と合同練習

南スーダン選手団と一緒にトレーニングをした選手の1人に、パラ陸上の反町公紀氏がいる。中学生の時交通事故に遭い、四肢麻痺高次脳機能障がいの後遺症が残った。高崎ラグビークラブで6歳からラグビーをはじめ小学校6年で全国大会に出場している。事故による障がいでラグビーが出来なくなり、それでも何かスポーツをやりたいとパラ陸上をはじめた。

反町氏は失語症と聴覚失認があり話すことや言葉、様々な音を聞きとることができない。また、右手が拘縮しうまく使えないなどのハンディキャップがある。支援学校入学後友人から、関東パラ陸上選手権のジュニアの部に出場しないか、と誘われた。そこでパラのトップアスリートの姿を見て「パラ陸上で自分の能力を試したい」と決意した。持ち前の才能と努力を重ね、日本パラ陸上競技選手権大会などで好成績を重ねていった。

反町氏は、元々吉野ヘッドコーチの指導により王山運動場でトレーニングをしていた。選手団のヘッドコーチを務めることになった吉野氏から「南スーダンの選手と一緒に練習をしてみないか。パラの選手もいるので、いい機会になると思う」と勧められ、合同練習が始まった。

一緒に練習をはじめた当初、反町氏は南スーダンの選手について「体も大きいし、手足も細くて長い」と感じた。最初はなんとか走力的についていけると思ったが、トレーニングを重ねるうちに彼らは急速に実力を伸ばし、どんどん速くなっていったと反町氏は感じ必死に食らいついた。

選手団と反町氏は同じメニューをこなし、アスリート同士認め合い友情を培った。その中でもアブラハムとは誰よりも親しい友人として滞在中も度々やりとりを重ね友情を育んだ。2020年冬、反町氏が水頭症で

入院したときも選手たちからSNSでお見舞いのメッセージが届き励ましてもらった。練習中はルシアやマイケルと走ることも多く、特にルシアは姉のように心配りをし、練習再開後も気遣いをしてくれた。

選手団は反町氏を「マク」と呼ぶ。反町氏も南スーダン選手たちを「仲間」と感じている。東京五輪ではマイケルとアクーンの欠場にがっかりしたが、アブラハムとルシアがテレビに写ると、南スーダンの国旗を振って応援した。

選手団と別れるのはつらかったが、帰国後も盛んにメッセージのやりとりが続いている。「南スーダンにおいでよ」という誘いに「いつか行きたい」と思いを募らせる。反町氏はパラの国際大会で、ドバイに2度行ったことがある。「南スーダンは、ドバイの向こうにあるんだ」と想像すると、アフリカが急に身近に感じられる。遠く離れていても、スポーツで結ばれた「マクと仲間」たちは、また共に走る日を願ってトレーニングを重ねている。

平澤絵美氏は、同じアスリートとして　ルシアの親友に

平澤絵美氏は、陸上選手として群馬の東京農業大学第二高校から埼玉の駿河台大学に進んだ。2019年11月、来日直後の南スーダン選手団のことをテレビで知り、王山運動場に見学に行った。特にルシアとは同い年で、どんな走りをするのか興味があった。

「当時高校生の私は、1人で王山運動場に行きました。山岸コーチには中学の時にクラブチームでお世話になったので、紹介していただきました。自己紹介して陸上の話もしましたが、すぐ女の子同士の話題になり、『どんな食べ物が好き？』とか『服はどこで買う？』とか話すようになりました。その後も時間を作って王山運動場にいき、そのうちに練習が休みの日など、一緒に前橋の街を歩いたり、けやき

ウォークで買い物をしたりしました。ライバルでもありますが、それ以上に親友ですね」と平澤氏は話す。

ルシアは周囲に同じ年頃の女性がいなかったため、女の子同士の話ができる平澤氏と打ち解けるようになった。また、選手団の中では話しにくいことも、平澤氏に相談した。

「最初はシャイに見えましたが、陸上では負けず嫌いですね。レースでいい成績が出ないと自分に怒って悔しがります。同じ選手としてルシアを見ると、まず走りがきれいです。ピッチが非常に速く、乗り込み動作、つまり、前に効率よく進む動作や体の形づくりがうまいためスピードが出る。こういう姿勢やピッチなどは、教えてもらってすぐできるものではありません。天性の才能を感じます。一方、最初会った頃は、体が細く筋肉が付いていない感じでした。食事が改善され、筋トレをした結果、筋力が付いてきましたね」と、アスリートとしてのルシアを高く評価する。

平澤氏は、高校を卒業してから大学に行くまでの間、時間があったので毎週ルシアと会っていた。「最初の頃は、力を出しすぎて後半バテていました。春頃には筋肉がついて力強い走りになっていました。走るときに手を振りすぎる癖も直ってきて、進歩が早いと感心しました。大学に行ってからも、月に2回くらい前橋に戻って一緒に練習していました」

高校生の頃からルシアの練習パートナーをしていた平澤絵美選手（右）

平澤氏はルシアのよい相談相手になり、ルシアの父が亡くなったときには心の支えとなった。埼玉のショッピングモールにも連れて行き、お互い誕生日のプレゼントをしたり、カラオケで歌ったりした。

「南スーダンの人は、家族思いですね。特にルシアは『家族と会えないのがつらい』といつも言っていました。スマートフォンで連絡を取れるようになってから、よく家族や友達の写真を見せ合いましたね。ルシアの彼氏ともSNSで挨拶しましたよ。いつか南スーダンに行ってみたいし、ルシアの家族や友達にも会いたいです。ルシアがいうには、南スーダンにみんなで踊るダンスがあり、とっても楽しいそうです。ぜひ、一緒に踊ってみたいですね」とルシアとの交友を語ってくれた。

section 04 テレビ、新聞などメディアの取材

南スーダン選手団の前橋キャンプは、市民との交流などが社会的な話題となった。そのため、選手団は来日直後から多数のメディアの取材を受けた。新聞、テレビの全国ニュースはもちろん、こども新聞や地域のメディアなど、様々な形で「南スーダン選手団と前橋」の情報が発信された。

成田到着後、取材を受ける選手団

選手団の滞在費用は、ふるさと納税の寄附金で賄っていた。南スーダンを知ってもらうことで選手団への支援の輪を広げることになるため、各方面へ情報発信を心がけた。特にホストタウンとしての前橋市の取り組みを知ってもらうため、メディアの取材には、積極的に応じる体勢をとった。

取材依頼については、当初は電話で受けていたが、件数が増えてきたためと、取材準備などを的確にするため、来日から2週間後の2019年12月からは、メールで取材企画書を提出してもらうようにした。

テレビの撮影現場は急遽変更があり、戸惑う

来日直後の11月から、早速新聞4件、テレビ2件の取材が入った。12月になると、新聞10件、テレビ15件と増え、翌2020年1月には、新聞10件、テレビ12件、2月新聞10件、テレビ8件と続いた。1日に2件の取材を受けることもあった。来日後の忙しい時期の取材攻勢であり、選手団も大変だったが、直接担当するスポーツ課としては、毎日メディアの対応をしているというのが実感だった。

取材内容については、事前キャンプや前橋での生活に関する事柄が中心だった。東京五輪やホストタウン以外のことを主題にしたものもあった。例えば、南スーダンの政治情勢、民族対立など、選手団にとって複雑な影響を及ぼすテーマや、単なる興味本位の内容もあり、これらの話題は事情を説明してお断りした。取材中に不用意な質問が出る場合もあり、選手たちが困らないように、必ずスポーツ課の職員が立ち会うようにした。

一部テレビの取材では、番組の構成上の必要かもしれないが、選手団を傷つけるようなことや、スポーツ課がどのような対応を取ったらいいか迷うような事もあった。

例えば、あるテレビ局の取材は、選手の日常生活を有名タレントが共に体験するという趣旨だった。タレントが選手団の宿舎で、選手の1人と南スーダン料理を作り、選手団全員と食事をするというのが、企画書の概要だった。当初の企画では、コーチを含めた選手団全員が一緒に食事をするということで取材を了解した。

ところが、いざ食事をする段階で、テレビ局担当者が、「部屋が狭いから」などという理由でMr.ジョセフを除外した。撮影時間が押していたこともあり、ここで押し問答しても仕方がないので、スポーツ課の職員も了承せざるを得なかった。部屋が狭いのは事前の打ち合わせの時から分かっていたはずだ。番組制作ではよくあることらしいが、選手団の責任者であるMr.ジョセフにとっては、失礼な話である。

Mr.ジョセフは夕食を食べ損なう羽目になった。スポーツ課の職員は、近くのコンビニでお気に入りのお弁当を買ってきて渡した。Mr.ジョセフは「あなたが悪いわけではない。テレビ局の事情だ。ノープロブレム」と言ってくれた。

時として「積極的」すぎるテレビ取材

2019年末放送のテレビ番組で、選手団を取り上げたいという申し込みがあった。内容は選手団のアパートから中継する、というものである。選手たちが年末のオフタイムをどう過ごしているかを紹介するのもいいだろうと、承諾した。

中継日の数日前の夜、アブラハムから電話があった。「テレビ局のディレクターが部屋に来ている。室内で取材したい、市には許可を取っていると言っているが、自分は聞いていない。市の職員は来ていない。インタビューを受けていいか」という内容だった。

ディレクターに電話を代わってもらい、事前に予定のない取材や、アパート内部の撮影は、原則としてお断りしています、と話して引き取ってもらった。

外国の事情を伝える難しさ

南スーダンは、2021年現在、世界で最も新しく誕生した国である。戦争や社会的混乱で、世界の最貧国に位置づけられている。食事に事欠く日もある、靴が買えず裸足で練習、といったエピソードを話してくれた選手もいた。来日以来、前橋の街の清潔さ、東京の地下鉄やビル群などに選手団は、感嘆の声を漏らした。先進国と途上国の違いを、身をもって体験した正直な感想だろう。

一方で個々の選手たちが、母国の貧しさを恥じたり、劣等感を持っているかというと、そうではない。

彼らの価値観で大事なのは、家族や共同体の仲間と安心して暮らしたり、教会に行って生きる力をもらったりすることらしい。モノやカネはあればいいが、それが人生の目的ではない。先進国で働いてカネを稼ぐのは、家族や仲間の生活を安定させるためで、自分1人が豊かになっても意味がない、というのが彼らの心情だ。

あるテレビの取材で、南スーダンの自宅前でアブラハムの家族写真が映ったことがある。写真の背景にあった家には屋根がなかった。アブラハムは「東京五輪で活躍し、その後は南スーダンや近隣諸国の大会で走り、賞金を稼いで家に屋根を付けたい」とコメントした。

これが放送されたところ、その後の他のメディアの取材では、アブラハムに「屋根のない家」の話題が集中した。そのことでアブラハムがストレスを感じていた時期がある。

アブラハムは屋根がないと家族が不便なので、稼いで屋根を付けたいと思う。日本人は南スーダンの貧しさを「かわいそう」と思う。一方、アブラハムが日本を「うらやましい」と思っているかは別問題である。そこには価値観の違いがあり、異なった文化理解の難しさが潜んでいる。

取材は、選手たちのストレスにならないように配慮した

様々なメディアから、多様な趣旨の取材依頼が続いたため、取材対象や内容を整理することにした。最初は、日本語学校、昼食、トレーニング、夕食、ホテルの部屋の取材に応じていた。これだと生活時間全般に取材陣が関わるため、選手たちのストレスやトレーニングにも影響する。そこで2020年1月中旬から、取材内容ごとにタイムスケジュールを組んだ。

一般取材は、市役所到着の午前10時30分からの休憩時間、昼食後の休息時間、午後の王山運動場の休憩時間に取材を限定した。

トレーニング中の写真撮影は許可したが、インタビューは不可。トレーニング後の取材は、場所を問わず不可。ただし、週1回、トレーニング後に買い物に出るので、その時の取材は例外として認めた。

ところが、取材者が南スーダンの家族にダイレクトコールしたことが2回あった。あらかじめ要請があれば問題はない。しかし、企画書にもなく、スポーツ課の職員も知らなかった。

それ以外でも、取材者が選手とメールでやり取りをして、家族の電話番号を聞き出し、直接南スーダンに連絡していたこともあった。

そのため、取材者が南スーダン関係者に連絡する場合、スポーツ課の職員に報告した上で選手の了解を取るようにした。

また、夕食時の取材を不可としたのに、あるテレビ番組で夕食の映像が流れた。スポーツ課の職員が知らない取材であり、通常のルートを通さず直接撮影したものらしいと判明した。

その後も南スーダン選手団は、国内で高い関心を集めていたので、様々なメディアからの取材要請が続いた。ほとんどは節度を持ちリスペクトして取材をしてくれたが、スポーツ課としては、選手団へのストレスにならないように苦慮した。

Mr.ジョセフ、コーチという立場の難しさ

南スーダン選手団の取材では、４人の選手はよく取り上げられるが、Mr.ジョセフは「コーチ」という立場から、しばしば微妙な立ち位置に立たされた。

選手たちのトレーニングでは、本来Mr.ジョセフが「コーチ」として全体の進行をコントロールすると思われたが、実際、南スーダンの陸上競技のレベルは未熟であり、トレーニング手法も最新で科学的なものではなかった。日本人のコーチ陣からみて、それではスキルの向上は難しいという判断だった。Mr.ジョセフ自身が来日後、早期にそのあたりの事情を了解していたため、選手団のコーチは日本人チームがあたることになった。Mr.ジョセフは「コーチの助手」といった役割になってしまった。それでもMr.ジョセフは「日本のコーチ技術は優れている。選手の能力向上に役立つ方を選択すべきだ」と言って、日本スタイルを支持した。

選手団の中で唯一の妻帯者という事もあり、Mr.ジョセフは母国に残した家族のことが気がかりだった。携帯電話を使えるようになって家族の悩み事を聞いているうちに、若い選手があまり使えなくなってしまう、というトラブルもあった。

滞在中、選手団のコーチとして、Mr.ジョセフは自由な采配を振るうことができなかった。それでもあまり気にせず、鷹揚として選手団のことを温かく見守る姿は、やはりMr.ジョセフの存在感を示したと言える。

chapter 06

第6章

前橋で暮らす選手団の日常

section 01 王山運動場に近く、自炊できる宿舎探し

南スーダン選手団の生活の多くは、アスリートとしてのトレーニングや大会出場に充てられていた。そうしたアスリートたちにも、当然、衣食住といった日常生活がある。環境が違う日本で、選手団はどのような生活をしていたのだろうか。

まず住むところだが、来日してから1週間は、王山運動場近くのホテルに宿泊した。20時間というフライトとトランジット、6時間の時差、20度以上の温度差という環境の激変に加え、初めての日本での生活である。最初はホテル暮らしでゆっくり身体を慣らしてもらおうという配慮だった。

現在、在バチカン特命全権大使の岡田誠司氏（前在南スーダン特命全権大使）より、南スーダンと日本の食生活の違いから、長期滞在には自炊できる施設が望ましいとのアドバイスを受けた。

候補としたのは、賃貸ワンルームマンション、マンスリーマンション、ビジネスホテルなどである。経費節減のため、長期利用の場合の割引なども細かくチェックした。滞在日数による割引、また、初期費用やランニングコスト、練習会場との距離などを比較検討したが、選手団5人分、個室5部屋を長期に借りられる物件は、なかなか見つからなかった。

なお、当時は新型コロナによる東京2020オリンピック・パラリンピック競技大会延期は、全く想定していなかったので、翌年の夏までの滞在だという予定で宿舎を選定した。

交通の便を考えて日本語学校のあるマンションに転居

南スーダン応援委員会の紹介で、長期滞在型ホテル「ロイジェントイン前橋」を宿舎に決めた。名称は「ホテル」だが、一般的なフロントやロビーはなく、形態としてはアパートに近い。1階は管理会社の事務所が入っていて、細かいニーズに対応してくれる。2階の6部屋のうち5部屋を長期契約した。ホテルのエントランスはオートロック、室内にミニキッチンがあり、食器、炊飯器、冷蔵庫、洗濯機、掃除機、テレビ、Wi-Fiなど生活に必要な道具はほぼ完備していた。清潔感もあって選手団の宿舎にはぴったりだった。

しかし、宿舎から王山運動場と選手団が通う日本語学校のFuji Language Schoolまでは、送迎車で約20分かかる。当初から選手団の市内の移動はどうするのか、という問題があり、宿舎決定の時点で送迎車とドライバーが必要となった。

当初は宿舎、王山運動場、日本語学校を中心に移動していたが、次第に市民交流や競技会など、他の場所との往復が増えてきた。日常の移動距離を減らすことを検討していたところ、日本語学校の学生宿舎に空き室が出たので、2020年10月に転居した。

この建物は、1、2階に日本語学校があり、3階以上が住居になっている。国外から来た生徒が住まい選びで困らないように、学校が賃貸物件として用意しているものだ。

ここの2LDKを3部屋借りた。ルシアは単独で、アクーンとマイケル、Mr.ジョセフとアブラハムのペアで暮らしはじめた。部屋数が減って家賃が縮減でき、かつ、階下が日本語学校のため、その分の送迎がなくなった。

section 02 食事の好き嫌い、食文化の特徴

食事は生命維持に不可欠であると同時に、個人が背負った文化でもある。JICAからの情報提供や岡田大使のアドバイスもあり、南スーダンの食糧事情や日本の食生活の違いは、事前にある程度把握していた。

前述のように、南スーダンは独立したばかりの貧しい国である。来日後、選手たちから漏れてきた断片的な話では「子どものころは2日か3日に1度しか食事がとれなかった」「現在でも1日1度の食事が多い」など、オリンピックに出場するアスリートの生活とは思えない話だった。競技に適した身体作りのために、専門家が栄養管理をしている、といった先進国のアスリートとは、まるで別の世界だった。

非常に厳しい食糧事情のなかで、アスリートとしてのトレーニングを重ねてきた訳である。選手団の食事や生活習慣を考えるとき、こうした事情を考慮しておく必要がある。

宿舎が決まり、トレーニングのカリキュラムも定まった頃、南スーダン選手団の食事は次のようなスタイルだった。

基本、朝は宿舎で各自が好みのものを食べた。昼は前橋市役所地下食堂、夜は依頼したレストランで食事をし、土日は自炊である。食材を仕入れるため、週1回、1人2,000円以内でトレーニング後にスーパーマーケットで買い物をした。ほとんどの選手たちはやりくり上手で、決められた金額の中で好きなものを選んでいた。スマートフォンを使うようになってからは、電卓アプリでしきりに計算していた。

毎回買う食材は、ツナ缶、牛肉、鶏肉、卵、ジャガイモ、オクラ（南スーダンでは日常食）、タマネギなど。

すぐ食べられる食糧としては、パン、牛乳、ヨーグルト、バナナなど。川場田園プラザの「のむヨーグルト」が母国の牛乳の味に近いと

言って好評だったので、時々買っていた。

昼は市役所のB定食

昼食は当初、ビュッフェスタイルのファミリーレストランに行っていた。以前、ホストタウンとして他国の選手を受け入れたとき、各自の好みや量など、メニュー選びに問題が少なかったからだ。この時は、各自好みを生かしつつ、バランスのとれた料理を幅広く選んでいた。

一方、南スーダン選手団の場合、事情が違った。ビュッフェの選び方を見ていると、かなり偏っていた。肉なら肉だけ、甘いデザート盛りだくさんといった具合だ。タンパク質、糖質、繊維、ビタミンなどをバランス良く選ぶ選手はいなかった。特に野菜をあまり食べないので、その意味からも栄養の偏りが気になった。

検討した結果、栄養バランスが整っている「定食」に切り替えた。一番手軽でコストもかからない、前橋市役所地下食堂を選び、ここの「日替わりB定食」を食べてもらうことにした。日替わりなので毎日違ったおかずが食べられ、栄養バランスも考えられている。ただ、

前橋市役所地下食堂のランチメニュー例

	A定食	B定食
月	青椒肉絲	白身魚フライ
火	チキンカツカレーソース	鶏辛子炒め
水	ヒレカツおろしソース	田舎煮
木	オムレツ	和風ロールキャベツ
金	生姜炒め	メンチカツ
土	—	—
日	—	—
月	—	—
火	チキンカツ南蛮ソース	イカと海老のマリネ
水	唐揚げおろしソース	豚バラ根菜煮
木	魚のマヨ焼きクリームコロッケ添え	ハンバーグ
金	鶏照り焼き	イカフライチリソース
土	—	—
日	—	—

	A定食	B定食
月	カツ煮	野菜ソース炒め
火	おろしハンバーグ	チキントマト煮込み
水	山賊焼き	揚げだし豆腐
木	油淋鶏	八宝菜
金	天ぷら	豆腐と挽肉の辛味噌炒め
土	—	—
日	—	—
月	もろみ焼き	夏野菜カレー煮
火	シーフードフライ	回鍋肉
水	チキントマトバジルソース	ロールキャベツ&豆腐ハンバーグ
木	蒸し鶏のネギソース	肉豆腐
金	ハンバーグ&カレーコロッケ	五目オイスター炒め
土	—	—
日	—	—

前橋市役所の地下食堂の2021年8月のメニュー（月替わり）
「A定食」は550円、「B定食」は480円

「辛い」などで食べられない場合はA定食を選ぶことも可能とした。

前橋市役所地下食堂の「定食」は、栄養士が入ってよく考えられた献立、新鮮な材料など、利用する人の評判がいい。毎日食べても飽きないメニューなので、選手にはぴったりだった。

朝食、昼食は既述の通りだが、夕食については「ビュッフェ」の失敗を繰り返さないように、早くから指定の店での「定食」に決めていた。いくつかの候補店の中から、スポーツ選手としての栄養バランスを考慮し、肉を中心としたボリュームがあるメニューを提供するなる花が選ばれた。店舗は最初の宿舎の近くにあり、味の評判も高く、肉好きの選手たちにぴったりで、毎日の食事の場としては好都合だった。

なる花店主の見た南スーダン選手団

来日後、スポーツ課から「南スーダン選手団に毎日の夕食を提供できますか」という要請が、店主の宮永成美さんにあった。

「えっ、南スーダンのオリンピック選手？って驚きました。前から外人さんもよく来店するし、イベントでエスニック料理も作っていたので、お引き受けしました」と宮永店主は語る。

最初の頃は、ネットで「南スーダン料理」のレシピを調べて作っていた。トウモロコシの粉を練って焼いたパンか、芋をマッシュして焼いたクレープ状のものが主食で、豆や肉をスパイスと一緒に煮込んだシチューやソースをからめて食べてもらっていた。日々材料や味付けを研究して選手団に提供していたが、普段お店で出している料理も食べてみたい、という声が上がり、次第になる花の通常メニューをベースにした「アスリート定食」を出すようになった。

「一番心配だったのは、宗教上の理由で食べられないものがあるのかということですが、制限はなかったです。もちろん、食材自体南スーダンとは違います。手に入る食材を使い、限られたコストで作るという苦労はありました。生活習慣や本人の好みで、豚肉を嫌い、エビ・タコも苦手など、選手たちの嗜好を生かしたメニューを提供しました」と店主は話す。

野菜、魚が嫌い？　選手団の「食の特徴」

どの国にも独自の食文化があるように、南スーダン独特の食の形がある。毎日夕食を提供していると、ちょっとした食習慣の違いに気づくようになる。宮永店主は、選手団の「食の特徴」を次のように語る。

「皆さん、生野菜はもちろん、熱を通した野菜もあまり好きではないようです。アクーンとルシアは、生野菜を食べません。魚も食べません。ただ、ジョセフは魚を食べるので、みんなに珍しがられます。肉と穀物、豆、オクラやタマネギなど限られた野菜が中心です。肉でも豚肉はダメで、牛肉か羊肉、鶏肉が好みです。聞いてみると、豚は汚い場所にいるので不潔、河川も汚れているので、川で捕れるものは食べたくないとのことです。

食事時にしゃべらないのも特徴ですね。皆黙々と食べていました。日本に来てしばらく経った頃、ようやくぽつりぽつりと食事中に話すようになりました。ウチの子どもが入ってくると、急に笑顔になり、習ったばかりの日本語で話しかけます。子どもがきっかけで、会話するようになりました。

日本人のグルメのように、あの産地のがうまいといった、美食的な話はほとんどしません。

ただ、あれこれお出しするうちに、皆さんカレーが好きになりました。さらにカレー味のものを色々作って出した結果、カレー味のチキンにはまりました。これを出すと、大喜びで食べていますね。後はお米、麺類、パンなどよく食べます。

選手たちはお酒は全く飲みませんが、Mr.ジョセフはビールを少し飲みます。若いアクーン、ルシアは甘い物が好きでコンビニのお菓子をよく食べています。他の3人はお菓子はほとんど食べません。

選手団の食事のお世話をしていると、社会の混乱で満足に食べられない時期が長かったのが分かります。味覚よりも、安全な食物を食べる、不潔なものは口に入れない、といった食習慣が理解できます。

ウチでお出しした食事を、滞在中の選手たちが楽しんでくれたらうれしいです。南スーダンに帰っても、日本の味を思い出してほしいですね」と、店主は話してくれた。

選手たちが大好きな鶏肉料理のアパッチ

選手たちを支えたレストランはもう一軒ある。

宿舎を移った頃、歩いて10分ほどで行ける「アパッチ」を見つけた。選手たちが好きな鶏肉料理がメインの店である。レストランと洋風居酒屋を合わせ持った店で、食事だけでも大歓迎。また、ランチと重ならない定食も出せるということで、利用することになった。

居酒屋も兼ねる店だったので、新型コロナ禍での「酒席はいかがなものか」という意見もあった。元々、選手団は食事中ほとんど会話をしないし、予約席で一般客と隣り合わせになることはないので大丈夫と判断して通うことになった。

食習慣に見る南スーダン文化

食事や食習慣には、国民性、文化の違いが現れる。南スーダン選手団を近くでよく見ていた人たちの感想をまとめると、次のようなポイントが挙げられる。

選手団のメンバーは食事をするときにあまり話をしない。日本人がいるから気を使っているのではなく、選手団だけのときも変わらない。食事のうまい、まずいでもない。結局、そういう習慣なのだと分かった。

来日からしばらくは、食事を残すことが多かった。ファミリーレストランや市役所の食堂など、普通の日本人に合わせた量である。最初は料理が口に合わないから残すのか、と心配したが、好みのメニューでも残す。その理由は、母国の食糧不足である。

腹一杯食べる機会は少なく、手に入った食糧を分け合って食べる、という生活が長かった。食糧豊富な日本に来ても、日本人一食分の食事は、量が多すぎたのだろう。だんだん日本の生活に慣れると同時に、食べる量も増えて、最終的には、日本人と同じ量を食べられるようになった。

選手団全員みそ汁は好み。辛い料理は好まない。箸は比較的早くに慣れた。最初はナイフとフォーク、スプーンだったが、初めから箸に慣れようとする意欲があった。箸を使って食べはじめ、途中で大変なのでナイフ、フォークに持ち替えることも多かった。選手たち一人ひとりの習熟度に差があったが、練習の甲斐あって、どの選手も全て箸オンリーで食事ができるようになった。

選手団の中でルシアは際立って好き嫌いが激しかった。ある時期、市役所地下食堂の定食を何日もの間、ほとんど食べずに残していた。その後観察すると、コンビニに行って好きなものを買って食べていた。このときは、「アスリートにとって食事はトレーニングと同じくらい大切」とスポーツ課の職員に叱られ、しゅんとしていた。その後は、本人も反省し、栄養バランスを考えた食事を摂るようになった。

section 03 練習の合間に観光で垣間見た日本

選手団は、東京や横浜、ディズニーランドなどを観光したいという希望を持っていた。しかし、新型コロナによる移動制限などがあったため、要望に応えることができず、残念だった。そうした制限の下で、オフタイムを利用し、日本を知ってもらうため可能な「小旅行」をいくつも企画した。県内と近県の観光スポット訪問である。

以下に選手団の訪れたスポットと、彼らの感想を紹介したい。

2019年12月に、アクアワールド茨城県大洗水族館を訪問した。南スーダンには水族館と呼べるような施設がなく、全員が初体験だった。来日して最初の遠出であり、内陸国の南スーダンにはない海に、選手団全員が感激していた。

アクアワールドは大洗海岸に突き出た岬の高台にあり、目の前に広がる太平洋と浜に押し寄せる波が、訪れる人を圧倒する。最大の「出会いの海の大水槽」は海水を満たした巨大な水槽で、水中世界に飛び込んだような展示に、選手団は息をのんで見入っていた。

ルシアは、ピンクのペンギンをお土産に購入した。お土産のはずだが、すっかり気に入って毎晩ペンギンを抱いて寝るようになった。

水族館を見学し、大喜びの選手団

物事の仕組みに関心を示すアブラハムは、海中を再現する水族館の構造はもちろん、それ以上に往復で通った高速道路、特にトンネルに驚いていた。「どうやって造るのか」など色々な質問を同行のスポーツ課の職員に尋ねていた。

東京スカイツリーと上野動物園

二度目の観光では、2020年1月、東京スカイツリーに行った。そびえ立つスカイツリーは、高さと同時に不思議な形状も驚異のようであった。地上350mの展望デッキからの眺めは、全員が絶句し「これほどの大都会に来たことない」と驚愕した。

往復は車でなく、鉄道を利用した。ジョセフ以外は電車は初体験で、バスとは違う乗り心地に感心していた。通過する大小の駅や街にも興味を持ち、その都度名前を尋ねた。スマートフォンの地図の見方を教えると、車窓の風景と、マップを比較して「今、ここまで来た」などと話していた。

スカイツリーの後は浅草まで歩き、浅草寺をお参りした。雷門の前で記念写真を撮った後、仲見世通りを散歩する予定だったが、浅草らしい人混みで、これにルシアが不安を感じたらしくしきりに「怖い」を連発。仲見世見物は中止になった。

浅草から地下鉄に乗って上野に移動し、上野動物園を見学した。地下鉄は初めてで、地上から地下に下りていくのが最初は理解しにくいようだった。日本を代表する動物園であり、パンダでお馴染みだ。選手団は、テレビでも動物が出てくる番組に興味を示し、動物好きなので非常に熱心に見学していた。スカイツリーと浅草見物に時間を使ったので閉園時間が迫り、パンダや人気の動物はあまり見る時間がとれなかった。それでも興味深そうにあちこちのケージを覗いていた。

赤城山、矢木沢ダム、鬼押出し園、中禅寺湖

2020年3月、前橋をもっと知ってもらうため、手はじめに赤城山を案内した。大沼でモーターボートに乗り、赤城神社を参拝、3月でまだ寒い気候だったが、山の自然を満喫した。練習中グラウンドに吹く風は、赤城山から吹き下ろすので「赤城下ろし」という、と教えると「あのような乾燥して冷たい風は、南スーダンでは体験したことがない」と皆が口にしていた。

4月になり、みなかみ町の矢木沢ダムを見学した。ダムというものも南スーダンでは珍しく、利用法などを説明した。また、茨城県にある日本三大名瀑の袋田の滝、沼田市の迦葉山弥勒寺などにも行った。弥勒寺は日本最大の天狗のお面があり、選手団は一様に驚きの表情を表していた。

6月には浅間山の噴火による溶岩流を観光化した嬬恋村の鬼押出し園や、8月には栃木県の中禅寺湖でモーターボートに乗って水上遊覧を楽しんだ。高速で走るモーターボートに、ルシアが怖がって泣き出すシーンもあった。途中、華厳の滝にも立ち寄った。

この頃になると、報道で選手団のことを知る人も増えてきたのか、あちこちで声をかけられた。「南スーダンから来たんですか？　オリンピックは延期されたけど、来年頑張ってください」などと話しかける人もいて、選手たちも喜んでいた。

柏崎で初めての海水浴、観音山、ハッ場ダム

9月になって、新潟県柏崎市の中央海水浴場に、スポーツ課の職員と合わせて11人で出かけた。元々若手職員が、選手団に海水浴を体験してもらおうと計画したものである。

選手団のメンバーは海水浴は初めてなので、みな大喜びだった。ル

シアは波が怖いらしく浜辺を散歩。ジョセフは海をずっと眺めていた。日本の遊びを知ってもらうため、スイカ割りを行い一同大爆笑のうちに終了した。海水浴は、選手団はもちろん、スポーツ課の職員たちにも良い夏の思い出となった。

また、県内の観光地も案内した。まず、高崎白衣観音にお参りした。内部は空洞で最上階まで階段が続く。選手団は観音様の顔の辺りまで上り、高崎や前橋の街並みを楽しんだ。

11月には、完成したての八ッ場ダムを見学した。紅葉の時期を狙い、湛水したダム湖と色とりどりの自然の景色を背景に、何枚も記念写真を撮った。また、季節の味を堪能するため、沼田市にあるリンゴ農園に行った。選手たちは、リンゴが実っているのを見て驚きの声を上げ、入場の手続きも待ちきれず園内に駆け込んだ。もぎたてはおいしく、取り過ぎたので、持ち帰りのリンゴが重量オーバーで超過料金を請求されてしまった。選手団は一様に「日本のリンゴは、甘くておいしい」と絶賛していた。南スーダンのリンゴは輸入品で高級果物に属し、日本のリンゴと違い、小ぶりで固い品種だという。値段が高いので選手団でも母国では買ったことがないようだ。

巨大なダムをほとんど見たことが無い選手団に、八ッ場ダムは強い印象を与えた

初めてのスキーに挑戦

滞在中に日本の四季を一通り体験させてあげたいと、2021年3月にはスキーに出かけた。海水浴と同じくスポーツ課の若手職員が企画し、総勢10人、車2台で水上高原スキーリゾートに出かけた。選手たちは東京五輪を控えており、スキーはケガなどのリスクがあるため、ソリや雪遊びを楽しんでもらった。雪上をソリで滑るのが思いのほか楽しいらしく、何度も滑走を楽しんでいた。

4月は富岡市の群馬サファリパークに出かけた。元々選手団はみな動物好き。動物園の珍獣も興味深いが、自然らしい環境が再現されているサファリパークは、アフリカの景観を連想させるらしく、熱心に観察していた。車に乗って園内を移動しながら動物たちを見る仕組みだが、それぞれの動物群が生息地に近い姿で見られるため、驚きの声を上げていた。五大陸から集合した放し飼いの動物たちは、選手たちも知らない種類も多く、全てが感激だった。一番の人気はゾウで、南スーダンでもなかなか接することができないという。アブラハムはアフリカの国立公園事情に詳しく、野生動物の様子などを説明してくれた。

南スーダン近くでは、タンザニアのセレンゲティ国立公園や、ケニアのサファリツアーが有名だ。雄大な平原をキリンやゾウの群れが悠々と移動するシーンは、日本人のアフリカイメージの一つである。南スーダンは国づくりの途上で、ケニアやタンザニアのように自然を観光資源とするまで至っていない。それでも、身近には野生の動物がいて、また、家畜は地方では欠かせない存在だ。そうした動物が身近にある環境なので、どんな種類の動物でも興味を示していた。

section
04 健康管理、病気とケガ

健康管理は、スポーツ選手にとって非常に重要である。スポーツ課は、南スーダン選手団の健康状態の把握、ケガや病気の予防や適切な対処を心がけてきた。

前橋で本格的なトレーニングが始まったのは、2019年11月である。選手たちは、真冬の寒さと強い風に悩まされた。南スーダンでは、寒くても20度を下回ることはなく、12月の平均最高気温は35度。前橋のそれは11度、寒い日は5度程度になる。体調に影響しない訳はない。

基本的な練習メニューは、週5日間の練習と2日の休養。練習は午後からグラウンド、その後ヤマト市民体育館前橋のジムで体幹・ウエイトトレーニングを織り込んだ。来日直後の選手たちは、近づくオリンピックを意識して、とにかく走らなければ、という意識が強かった。選手団が母国で行ってきた練習は、決められた本数をただ走る、というものらしかった。ストレッチ、筋トレ、緩急取り混ぜたプログラムといったトレーニングではなかった。

環境の変化などで、体調不良が続出

慣れない気候や食生活、初めて体験するトレーニングなどもあり、来日後の選手団は、様々な故障や病気を発症した。主なものは以下の通りである。

・マイケル：左足股関節痛、右足ハムストリング炎症、両膝膝蓋腱炎、左足大腿二頭筋炎症、アキレス腱炎症
・アブラハム：左膝痛、左膝鵞足炎、右足ハムストリング筋膜炎
・ルシア：左足大腿部炎症、右足太腿裏筋膜炎

・アクーン：右足股関節痛

練習内容は、日本の陸上選手であれば誰もがこなせるレベルであり、特に過重という訳ではなかったが、環境の変化が大きく影響したようだった。また、スポーツ課は、来日後の環境整備や、連日のメディアの取材などに追われていた。選手団の母国の生活や練習状況を聞き取ることができたのは、しばらく経ってからである。

マイケルの膝の痛み

2020年1月下旬からマイケルは、阪西峻輔氏が院長を務める鍼灸接骨院に通院した。阪西院長は、日本陸上競技連盟公式トレーナーの資格を持つ元棒高跳びの選手である。トレーナー、柔道整復師、鍼灸師の資格もあり、スポーツ選手のサポートにはぴったりの人物だった。以後、診察や治療の他、トレーニング全般に関するアドバイザーもお願いした。

パラ100mのマイケルは、右腕に障がいがある。先天性右上肢形成不全という診断名で、右腕が極端に細く、ヒジは曲がったままでその先が短く、指は3本しかない。

国の代表として使命感が強く、まじめな性格の努力家のため、オーバーワークになりがちだった。コーチが「今日は70%程度の力で走って」と言っても、常に全力で走ってしまう。適切な量のトレーニングが効果を生むというのではなく、いつも100%で走るというやり方だった。その結果、膝の痛みを訴え、走るのが困難になった。

院長が診察したところ、次から次に痛みの箇所が増え、満身創痍の状態だった。院長は両膝膝蓋腱炎と診断。治療により大分改善したが、右膝の痛みが完全に取れない状態が続いた。

本人が病院での診察を希望したことから、院長に相談のうえ、2020

年7月、膝のスポーツ障害の治療で有名な病院のスポーツ整形を受診した。

レントゲン、MRIで両膝の撮影を行った結果、ここでも両膝の膝蓋腱炎と診断され、慢性的なものであり、特に劇的な改善法はないので、上手く付き合いながらやっていくしかないとのことだった。また、考えられる原因はオーバーユースと筋肉が硬いことであるとのことだった。

マイケルは、日本の医療設備、特にMRI機器やレントゲンで、体内の内部まで見えることに興味津々だった。医師から診断結果を聞き、納得したようだった。接骨院での治療により、全般的な症状を大分改善できた。しかし、右膝の痛みは常に感じており、完治することはなかった。

アブラハムのマラリア発症

軽い風邪などは別にして、トレーニングに関わる故障以外で問題になった病気があった。アブラハムの「マラリア」である。

アブラハムは2019年11月23日、前橋に来て10日後に風邪に似た症状を訴え38.4度の熱を出した。土曜日だが祝日だったため、市内当番医で診察を受けた。インフルエンザの検査は陰性だった。アブラハム本人は、母国での発症経験から、マラリアかブルセラでないかと話した。両者とも南スーダンでは、「よくある病気」らしい。ブルセラは、聞いたことのない病名だ。ネットで検索すると、その昔は生物兵器だったと知る。同行したスポーツ課の職員は胸騒ぎを覚えた。当番医はマラリアを診察したことがないため、前橋赤十字病院を紹介してくれた。

マラリアの伝染経路は、ハマダラカの血液感染

前橋赤十字病院の血液検査では、マラリアは陰性の結果が出た。ただ、複数回検査する必要があるという。入院も可能だったが、本人の希望で帰宅した。

翌24日、前橋赤十字病院で再検査し、マラリアの疑いが出た。医師の説明では、熱帯熱マラリアの可能性が高いという。国の機関で検査するために血液を送付し、入院することになった。集中治療室で各種医療機器から管をつながれたアブラハムは、きょとんとしていた。南スーダンではマラリアは誰でも常にかかる「身近な病気」で、治療は服薬のみ。「日本人は大げさだな」と言わんばかりの表情をして、ベッドに横たわっていた。

マラリアは「マラリア原虫」という病原体が、「ハマダラカ」という蚊を媒介にして体内に侵入して発症する病気で、原虫の卵の有無で完治か潜伏状態かを判断するという。

マラリアとの診断が出た時点で、法律に基づき、前橋市保健所に報告された。今後意識障害や、内臓障害など、重症化した場合は、東京都内か埼玉県の専門医がいる病院に移送しなくてはならない。

前橋市保健所は、感染経路を整理するため、アブラハムに聞き取り調査を行った。アブラハムの来日前の海外渡航歴は、2019年8月21日にウガンダのカンパラに行き、ジュバに帰国。8月23日にジュバからモロッコに行き、「アフリカンゲームス」に出場した。9月2日にモロッコからジュバに帰国し、11月に南スーダン選手団の一員として、ジュバから成田空港、前橋に到着した。

感染の原因である蚊については、「ジュバにいる間は、毎日蚊に刺された」とのことだった。来日前の10月29日に頭痛があり、高熱が出た。

他の選手のことも気になり聞き取りをしたところ、他の4人は平

熱、体調に異常はなかった。今後の対応について医師など専門家に確認したところ、感染症は発熱等の症状が出てからでないと、検査しても結果が出ないとのことだった。つまり、発症前の事前検査は難しい。南スーダンで感染リスクのある感染症は、マラリア、腸チフス、黄熱などがあるが、潜伏期間はマラリアが1カ月程度で一番長い。したがって、12月14日になっても他の選手にマラリアの症状が出なければ、日本での発症の心配はほぼないといえるとのことだった。

マラリアの風評被害をどう抑えるか、対策を講じる

スポーツ課の職員は、マラリアと聞いて「パンデミック」を思い浮かべ、頭の中が真っ白になった。というのも、数年前、東京でマラリアの疑いのある患者が続出し、大きな「事件」になったことを直感的に思い出したからだ。この「事件」は、公園の蚊の媒介によるデング熱だったことが数日後に分かったのだが、このときは動揺していたからか、ネットなどで確認する余裕がなかった。

アブラハムのマラリア発症は、前橋市のホストタウン構想を根幹から左右しかねない重要問題だと考えた。前述の「デング熱騒動」のとき、「外国人からもたらされた伝染病」といったイメージが拡散したが、このときの日本社会の反応を見れば、南スーダン選手団の事前キャンプ自体が中止になる可能性も考えられた。ことはアブラハム、選手団、ホストタウン前橋にとどまらない恐れがある。さらに、同時期に南スーダン選手団と同じホテルに滞在し、同じ王山運動場でトレーニングしていたコロンビアのパラリンピックチームに感染が広がっていれば、国際問題にもなりかねない。不安は広がった。

アブラハムの検査結果が出た段階で、前橋赤十字病院、前橋市保健所の担当者から最新情報を確認し、ネットや専門サイトなどを参照して問

題を分析した。結果、アブラハムがマラリアを、日本国内で他者に感染させる可能性はほぼない、と判断した。専門家も同意見だった。

事実を精査した上での結論だったので、ようやく一定の安心感を持つことができた。

通院や検査などは、週末に起こった出来事だった。11月25日月曜日は、日本語学校の最初の授業日だった。その取材でメディア6社、そのあとのトレーニング取材には有名な芸能人が来ることになっていて、その前に話さなくてはならない。あえて伏せておくべきか、不安のない部分だけを話すべきか、スポーツ課は大いに迷った。発表の内容次第では、前述の「デング熱」のようなパニックにもなりかねない。迷った末、正確に事実を伝えるべきだと決断した。

科学的な証拠に基づいたコメントとして、「アブラハムは母国で感染したマラリアを来日後発症し、治療を受けている。治療法は確立されており、容体は快方に向かっている。マラリアを伝播する種類の蚊の生態などから、日本ではほぼ感染の可能性はない」と発表した。

記者の反応は冷静で、質問も事実問題の確認であり、いたずらに感情的な反応はなかった。

翌日、新聞5紙の群馬県版に、日本語学校の取材記事が載った。そのうちアブラハムのマラリアの件が書かれたのは2紙だけだった。市民からの問い合わせや苦情もなく、マラリアについてそれ以上のメディアの反応はなかった。問題の対処法として、事実を隠さずに的確に伝える方針が最善であることを再認識した。

12月3日に前橋赤十字病院でアブラハムは血液検査を受けた。白血球、血小板の数値が正常に戻っていた。ただ、マラリアの完治の確認にはまだ時間がかかる。医師からは、12月14日までに熱が出た場合は、受診してほしいと伝えられた。

以後、アブラハムに発熱などの症状はなく、2019年のマラリアは、これで一段落した。

アブラハムのマラリア再発

2020年8月25日、昼食後選手団は王山運動場に移動した。直後、アブラハムが不調を訴え、木陰で横になって休んでいた。19日頃に頭痛と吐き気があり、翌日回復したが、その日は前夜から症状がひどくなり、悪寒、汗が多量に出て脱水状態になったという。

本来ならば、東京五輪が終わって帰国の途についている時期である。新型コロナにより1年間延期されたため、選手団は長いキャンプ生活を続けていた。社会情勢から、当然、新型コロナの感染が疑われた。

このため、前橋赤十字病院の緊急外来を受診した。診察結果は、以前発病したマラリアの再発で、マラリア原虫の卵が残っていたのだろう、と推測された。症状は前回より重くて心配されたが、8月26日になると、ようやく回復に向かった。

10月21日に受診し、血液検査を受けたが、問題はない。もちろん、マラリアの症状もすっかり消えた。アブラハムの2回目のマラリア発症はこれで終わり、以後滞在中、この病気は再発しなかった。

この時期に、もし、選手団の誰かが新型コロナに感染した場合、問題は非常に大きなものになる。他の選手、市職員、コーチ、ボランティア等が濃厚接触者となる可能性がある。さらに、クラスター発生の事態となれば、ホストタウンどころか、前橋市の行政にも問題が及ぶことになる。8月25日時点で、前橋市では94例の新型コロナ感染が確認されていた。細心の注意を払い、選手団関係者からは新型コロナ感染者を出さないよう、対策に一層力を入れた。

section
05 日本語学校での学び

日本滞在が長期に及ぶため、選手団には簡単な日本語の学習が予定されていた。当初は、来日から東京五輪まで実質半年程度の学習期間だと考えられていた。その期間では、本格的な日本語習得は難しかった。日本語学校のFuji Language Schoolと話し合った結果、キャンプ生活で必要と思われる最小限の会話、また、公式行事などでのスピーチ、さらに、取材時などの定型的なコメントなど、内容を絞ったカリキュラムをつくってもらった。

Fuji Language Schoolで選手団を担当した金井美保教務主任は、学校側の対応を次のように語る。

「2019年の秋頃、前橋市役所から長期キャンプで前橋に滞在するアスリートたちに、初歩的な日本語を教えてほしい、というお話がありました。当校はたくさんの外国人学生に日本語を教えています。南スーダンの方は初めてですが、受け入れについては問題ない、とお答えしました。選手団の5人を1クラスとして、特別メニューを用意しました。

11月25日に入学。授業は毎週月・火・木・金曜日で午前8時30分から午前10時15分までです。途中でオリンピックの延期が決まり、時間に余裕ができたので、交流をかねて同レベルの他国の学生2、3人を加えた編成となりました」

机に座って長時間学習する習慣を身につける

話し言葉だけでなく、文字もカリキュラムに含まれた。難しい漢字は別として、競技場の掲示、街の看板、書式に記入する際など、頻繁に出てきそうな言葉や、文字表記の概要をつかめるようにした。ひらがなから覚え、全員が1、2カ月で読み書きができるようになった。挨拶も定型なものは比較的早くマスターした。一人ひとりによって習熟度の違いはあるが、一般の外国人の日本語学習からみれば、熱心だという印象だったという。

一方、金井先生が感じたのは、学習態度、生活習慣の違いだった。

「日本人も外国人も同様に、授業態度の良い悪いはありますね。そういう熱心さとは別に、一般論ですが南スーダンの方々は、机に座って一定時間学習するという習慣が、あまりないようですね。選手団でも学校生活に慣れているな、という方もいましたが、そうでない方も多い気がします。

例えば、授業中に先生の方を見ないで、別の方向に身体を向けている。真っ直ぐ座らない。足をぶらぶらさせている。おしゃべりやよそ見もあります。また、時間が守れないという問題もありましたね。おそらく選手団の中には、普通の学校生活の経験が少ない方もいたと思います。皆さん英語を話せるので、ある程度は恵まれた家庭だと思います。でも、机に座って本を開き、一定時間話を聞く、というスタイルは、教えられて身につくものだと思います」

南スーダンの識字率は、27％程度といわれている。学校の設備も不十分だ。その中で学ぶ機会を与えられた選手団のメンバーは、日本語学校でもトレーニングと同様に熱心に取り組んだ。

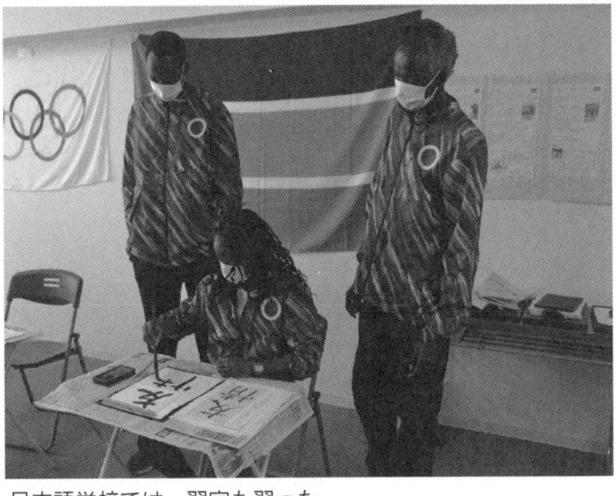

日本語学校では、習字も習った

将来のため、パソコン学習を希望

実際に教える中で金井先生が感じたのは、日本文化への関心だった。

「授業の中で日本の習慣や季節の行事など、具体的な文化が取り上げられると、途端に関心が高くなります。例えば、七夕祭り。そもそも何のためにやるのかから始まって、竹や飾りの意味など、みんな興味深そうでした。お札にはお願い事を書くと話したら、『自分たちは信仰を持っているので、神以外には祈願はしない』と言われ、なるほどと思いました。

そのほかにも、お正月、ひな祭りなどの季節行事、着物、お辞儀など、日本文化全般に関心を持っていますね。

交流や行事で壇上に立って各人がスピーチするようなシーンもよくありました。そのために前もって原稿を作って準備するのですが、皆さん、自分の仕事だと思って熱心に取り組んでいました。幼稚園でスピーチして喜んでもらえた、などとうれしそうに話してくれました。数カ月経つと、簡単な受け答えや、話ができるようになりました。買い物のときなど、日本語を使って相手がびっくりした、などと聞きました」と、金井先生は話す。

2020年6月から、本人たちの希望でパソコンの授業も受けることになった。Fuji Language Schoolでは、ぜひ習得したいという強い希望を受け入れた。すでに公務員の職にあるジョセフは別にして、選手たち

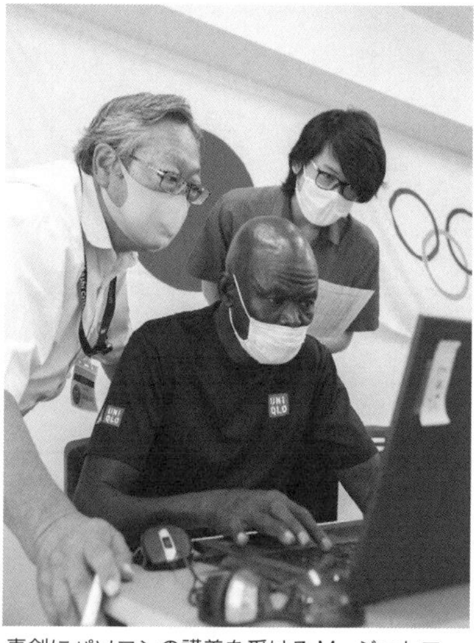

真剣にパソコンの講義を受けるMr. ジョセフ

は帰国後の生活も真剣に考えていた。どんな職場でもパソコンを使えれば、仕事の範囲も増え生活の役に立つ、という切実な背景がある。

授業内容は週に3回専門の講師が英語で講義するもの。内容はWindowsの基本から、エクセルとパワーポイントを勉強した。この二つが、彼らの母国ではデスクワークでの使用頻度が高いらしい。

アスリートらしい、熱心な取り組みと頑張りに感心した

１年半以上選手団のカリキュラム策定と実施を担当した金井先生は、生徒それぞれの印象と、ホストタウン構想について次のように語った。

「南スーダン選手団全員に、学習意欲と頑張りを感じましたね。これは国の代表として来日したという責任感と、アスリートで日々のトレーニングで鍛えられているという背景があると思います。当初、授業中の反応があまりないことがありましたが、回を重ねるごとに表情も明るくなってきました。勉強への熱心さも感じました。イベントでスピーチをする、といった役目があるせいか、頑張って取り組んでいました。

それぞれの印象では、ジョセフさんはいつも選手たち全員を見守っていますね。授業で皆がだらけてくると、冗談を言って気分転換をするなど、まとめ役です。

アブラハムは勤勉でまじめ。習熟度も早く、宿題もきちんとこなしていました。選手たちのキャプテンですかね。

アクーンはシャイで口数が少なく、休み時間でもあまりおしゃべりをしません。やることはきちんとやり、クールなタイプですね。

マイケルは意志の強い性格。障がいがあるので荷物運びなどを手伝ってあげようとすると『まず自分でやってみます』と頑張っていま

した。

ルシアはシャイで甘えん坊のところがあります。アブラハムと同様に習熟度も高く、宿舎でも自主学習していたと思います」

オリンピックの延期とホストタウンについて金井先生は「前橋が色々な国の方を受け入れるのはとても良いことだと思います。当校は日本語を教えますが、外国で暮らすには言葉だけでは難しい。日本の文化や習慣も知る必要があります。ゴミ捨てから挨拶まで国によって違いますからね。逆に学生の母国について、私たちが学ぶことも必要です。行動様式は国や民族によって違います。外国人に対して『ヘンだ、おかしい』と拒否するのではなく、その違いの意味を理解しようとすることが大事だと思います。今回はアスリートということで、競技や選手の健康面について学ぶことが多かったですね。これから特定分野の専門家などに日本語を教える機会も増えると思います。今回の経験をもとに、それぞれに必要な専門用語を勉強する必要があると感じました」と、選手団に教えた経験を語ってくれた。

section 06 移動手段となった自転車

南スーダン選手団の主な移動手段は、南スーダン応援委員会の助力で提供され、前橋市が運用する自動車である。宿舎と王山運動場、ヤマト市民体育館前橋などへの移動は、主に車を使用した。一方、選手団の前橋での暮らしが定着してくると、ちょっとした外出などに各自が好きなときに使える自転車を、移動手段として使えないかという案が出てきた。

南スーダンでは、早い人で6歳頃から自転車に乗る練習をする。教えてくれるのは親や友人とのこと。ただ、自転車は一般庶民には高額なので、お金持ちの家でないと持てない、とのことだった。

後述するように、12月8日日曜日から、選手団は教会に通うようになった。5人はそれぞれカトリックとプロテスタント教会に分かれて通った。毎日曜日に、メンバーを車でそれぞれの教会に送迎するのは、負担が大きかった。

また、個々の買い物や外出などでそれぞれが使える移動手段があれば、本人たちも車待ちの時間などの負担が少なくなる。さらに、自転車があれば、暖かくなったときに、選手たちだけで前橋市内の色々な所に行けるようになり、気分転換にもなる。

こうした事情から1人1台の自転車を使えるように準備が始まった。

選手団は手軽な移動手段に自転車を愛用

経費削減のため、放置自転車を譲ってもらう

南スーダン選手団の滞在費は、ふるさと納税や寄附など善意の資金で賄われている。常日頃から経費削減を心がけていたが、自転車の場合も、放置自転車を利用することでコストカットができた。

放置自転車は全国で年間数万台に及び、一定期間保管され、その間に引き取り手が現れない場合は、程度の悪いものは廃棄、残りはリサイクルのため売却される。市の担当課に確認したところ、選手団が乗れる自転車を譲ってもらった。

スポーツ課としては、安全面以外に道が分かるかどうかが心配だった。Mr.ジョセフ、アブラハム、ルシアの通う教会は、市役所の近くにあり、宿舎から自転車で30分程かかった。安全で距離の短いコースを選び、スポーツ課の職員が先導して道を教えた。

アクーンとマイケルの教会は、宿舎から10分程度と近かったが、マイケルが通常の自転車に乗れないため、アクーンと一緒にタンデム自転車を利用した。

障がいのあるマイケルが乗るべき自転車は？

マイケルは、南スーダンでは片手で自転車を運転していたというが、日本では道路交通法における課題があることが分かった。「車両等の運転者は、当該車両等のハンドル、ブレーキ他の装置を確実に操作し、かつ、道路、交通及び当該車両の状況に応じて、他人に危害を及ぼさないような速度と方法で運転しなければならない」（「道交法」70条）

警察関係者に相談したところ、障がいのあるなしにかかわらず、法に定める安全運転義務が遵守できれば問題ないという回答だったが、マイケルの常時片手運転は難しそうだった。

「路面状況で倒れたりしない・すぐ止まれる・急停止の時倒れない」など安全運転の条件を考慮すると、障がい者用自転車を製造する会社から、2人乗りのタンデム自転車がのぞましいとの提案があった。たまたま地元のロータリークラブから、前橋市にタンデム自転車6台を寄贈していただいたことがあった。その時点では赤城山の観光などに使っていたが、これなら選手団の誰かとコンビを組めばマイケルも自転車に乗れることになる。

2020年1月に児童文化センターの協力で、選手団全員が自転車安全教室を受講した。放置自転車4台、タンデム自転車1台が選手団の利用する自転車になった。この話を知った自転車ロードレースのプロチームである「群馬グリフィン・レーシングチーム」から、チームとおそろいのブルーのサイクルヘルメットがプレゼントされた。

以後、近場の用事や土日の食事などに、選手団は自転車を積極的に利用した。マイケルも仲間と一緒にタンデム自転車で走行し、教会などの往復に利用した。

タンデム自転車は前橋では珍しく、しかも南スーダン人2人が乗る姿は異彩を放った。すれ違う人が振り返ってしげしげと眺めることもあった。次第に選手団が自転車で走る姿に市民が慣れ、タンデム自転車も街の風景に溶け込んでいった。

日常のちょっとした支払いに交通系ICカードを利用

長期キャンプの「お金の問題」は、難しい課題だった。そもそも、衣食住などの基本的な生活費は、全てふるさと納税など寄附金で賄っていたため、無原則にお金を支給することができない。

JICA関係者から、選手団に現金を渡すことはやめた方がいいとのアドバイスがあった。日本の100円が母国では1万円の価値がある、といったケースが少なくない。実際、選手などが小遣いを節約し、貯めたお金を母国に持って帰ろうとする事例が数多くあるという。

そのため、現金でなく交通系ICカードを支給することにした。プリペイド方式で、あらかじめカードに一定額を入金しておく。毎日の食事代などは市が店に直接支払っていたため、選手たちが使うのは、コンビニやスーパーで買う日用品費が主だった。

来日5日後から交通系ICカードを各自1枚渡し、2週間に1回、一定金額をチャージした。

選手たちは、基本的に無駄使いはせずに、与えられた金額の中で、うまくやりくりしていた。

section 07 選手団と携帯電話

携帯電話については、様々な試行錯誤があった。

来日直後から、選手団との連絡手段をどうするか、という問題があった。そもそもSSNOCとの事前協議では、選手たちは皆携帯電話を持っているという話だった。それなら日本国内用のSIMに差し替えて使えば良い、とスポーツ課は考えていた。

しかし、実際選手団は、誰も携帯電話を持ってこなかった。そこでスポーツ課は、選手団との連絡用として、各自にスマートフォンを渡した。これは国際電話ができないタイプだったので、本国との連絡用にガラケーを1台用意し、5人で譲り合って使うようMr.ジョセフに渡した。

スマートフォンのアプリは、インターネット接続とWi-Fi環境が必要だ。しかし、南スーダンでWi-Fiが整っているのは、首都のジュバなど一部の地域しかなく、地方に住む選手団の家族とは、アプリによる国際電話ができないことが分かった。

長く母国を離れて暮らす選手団にとって、家族や仲間と話をしたい、という欲求は切実なものがある。そのため、今までの携帯電話とは別に、ダイレクトコールのできる専用のガラケーを1台用意した。無料のアプリと違い、ダイレクトコールは高い料金がかかる。そのため、1カ月の通話料金の上限を決め、過大な出費を防ぐようにした。この国際電話可能なガラケーは、Mr.ジョセフに託し、全員でシェアするように指示した。

新型コロナの給付金で、選手たちは中古スマートフォンを購入

選手団に電話を渡して2カ月ほど経った頃、ルシアから電話について相談があった。彼女の話は、Mr.ジョセフがダイレクトコールのできるガラケーを独占し、他の者が使えない、というものだった。「家族と話したい」とルシアは泣きながら話した。

ジョセフに確認すると「自分は妻子がいるのでたくさん話すことがある。選手4人は独身なので国際電話は必要ない」という。色々と説得したが、Mr.ジョセフには彼なりの理屈があり、こちらの話が理解できない。しょうがないので全員に各1台、ダイレクトコールのできるガラケーを渡した。

そうこうするうちに、彼らに自分のスマートフォンを手に入れるチャンスが訪れた。新型コロナの10万円の給付金は、日本国内に居住する南スーダン選手団にも支給された。早速彼らはそのお金で中古のiPhoneを購入した。

彼らの使い方は日本人と同じである。仲間とSNS、メッセージ、メールなどで情報交換したり、サイトでニュースを見たりする。ダウンロードしたゲームに熱中する選手もいた。トレーニングの空いた時

間にゲームをしている姿は、日本の若者と変わらない。フェイスブックで、陸上仲間と競技やトレーニング情報をやりとりするなど、アスリートらしい使い方もしていた。

スポーツ課の職員や、通訳兼ドライバーの臨時職員は専用スマートフォンをもち、選手団との連絡に必須のアイテムとなっていた。

帰国後も選手団のメンバーは、通訳ボランティアや、前橋キャンプ中に知り合った仲間と、SNSで連絡し合っている。

chapter 07

第7章

市民との交流と、企業や地元のサポート

section 01 幼稚園、学校訪問で子どもたちと触れ合う

ホストタウン構想には、事前キャンプで現地の環境に体を慣らしてもらうといった競技に直結した目的と、地元の市民との交流という大きな目的がある。全国の自治体がホストタウンとなり、各国選手団を受け入れるのは、市民交流のためでもある。

前橋市が5カ国のホストタウンとなった背景には、市民が選手団と接する場を作り、オリンピックへの参加意識を持ってほしいという願いがあった。また、外国人との触れ合いを通じ、国際感覚を身につけてもらおうという意図もあった。

特に南スーダンの場合は、長い内戦状態にある国で育った選手団と直接交流することにより、市民が平和について改めて考えるいい機会にする目的があった。そのため、特に教育機関との交流は重要視された。生徒たちが夕食の時間などに、「南スーダンという国のオリンピック選手が学校に来た。すごく背が高くて、肌の色が真っ黒で、走るのがとても速かった」などと家庭で会話することにより、家族で南スーダンという国を知る→地域や職場で話題になる→自分たちの平和について改めて考える、という広がりを期待したのだ。

選手団が来日する前の2019年11月上旬に、前橋市内の市立小・中・特別支援学校の校長会議にスポーツ課の職員が出席し、児童・生徒との交流事業を提案した。選手団が学校を訪問して、生徒たちに簡単なスピーチをしたり、体育の授業に参加したりといった一般的なものから、選手団と生徒が一緒に給食を食べる「給食体験」などの学校ごとに独自性のあるものまで、カリキュラムの企画をお願いした。時間的には選手団の練習が休みの水曜日、2時間程度を希望した。

最初の学校訪問で敷島小学校に

最初の学校訪問は、2019年12月12日、市立敷島小学校に決まった。対応に当たった福田隆一教頭（現：清里小学校長）は、その時の様子を次のように語った。

「事前に南スーダンの学習をしました。十数ページのプリントを作り、自然や地勢をはじめ、どんな経緯で独立し、現在の国情はどうなのかといった事柄を学びました。例えば南スーダンでは、小学校に入学しても卒業できる児童は半分以下など、内戦時代の状況は、児童たちにとってかなりインパクトがあったようです。当校は学習意欲が高い児童が多いので、自分たちで南スーダン国旗やそのデザインに込められた意味を調べていました」

当日は、選手団と高学年の児童が学校給食を一緒に食べ、全児童と体育館で「じゃんけん列車」をした。選手団はそもそも「じゃんけん」を知らず、それを教えることから始まった。4年生以上のスポーツ交流では、選手団と徒競走をした。それまで緊張していたアクーンやルシアが、楽しそうに走っていた。

寺島忠校長は、教科書や画面からだけでなく、具体的に人と人が交流することが、深い学びに通じると確信し、「来日してすぐの頃だったせいか、皆さん静かでシャイな感じでした。一緒に遊んだり、走ったりするうちに打ち解けてきましたね。特に子どもたちが近寄ってあいさつすると、素敵な笑顔をみせてくれました。また、学校の施設が立派で驚いていました。集会では、選手たちそれぞれにスピーチをしていただきました。アブラハムの『国の団結の象徴としてオリンピックに来た』という使命感あふれる話に、児童たちは感心していました。児童にとっては、世界には色々な事情を抱えた国があり、人々の暮らしも異なっている、という現実を知ることができ、最高の勉強だったと思います」と語った。

桃瀬幼稚園の園児と楽しく交歓

翌2020年2月13日、選手団は桃瀬幼稚園を訪問した。当時の宿舎近くの幼稚園だったので、園児は買い物に出かける選手団をよく見かけていた。挨拶なども交わしていたため、元々関心があった。

吉崎真由美園長は「2019年暮れ頃から、子どもたちが選手団の方と幼稚園の周辺でよく出会い、興味を感じていました。市の交流事業があると知って企画しました」ときっかけを話す。こうして幼稚園・保育園として最初の交流事業が実現した。

事前に南スーダンの国旗を調べ、子どもたちが画用紙に描いた。全員がそれを手に職員の国歌のピアノ演奏に合わせて選手団をお迎えした。選手たちは、日本の幼稚園児が自分たちの国歌を知っていることに感激した。

桃瀬幼稚園では英語教育にも取り組んでいるので、園児は習ったばかりの英語で選手団に話しかけた。「自分にとってのヒーローは誰ですか？」に対してMr.ジョセフは「私を教えてくれた陸上のコーチです」。また、「好きな食べ物は？」に、ルシアは「日本のお菓子はとてもおいしくて好きです」といったやりとりで会話がはずんだ。

ミニ運動会では、転んだ子どもを選手が起こしたり、手をつないで走ったり、普段は緊張しがちな選手たちが、満面の笑顔で楽しんでいた。

「子どもたちにとっては、本当に良い経験だったと思います。当園では『世界はひとつ』という考えで、誰とでも仲良くなれるように、英語や手話なども保育の中に取り入れています。遠い国から来た選手団と楽しいひとときを過ごすことができ、子どもたちは『世界はひとつ』を実感できたのではないでしょうか」と吉崎園長は成果を語る。

最後に園児たちがメッセージを添えた花束を選手団にプレゼントし、「オリンピックで金メダル、取ってね！」の声を背に選手団は幼稚園を後にした。

緊急事態宣言が解除され、荒砥中学校を訪問

9月に入りようやく学校交流を再開でき、最初に訪問したのは市立荒砥中学校だった。体育大会と授業参加のプログラムを組み、9月28日と11月25日の2回訪問した。

9月の体育大会に参加した際は、サプライズということで、生徒への予告なしに南スーダン選手団が開会式に現れた。生徒からは驚きの声が上がった。選手団は、短距離から長距離まで生徒と一緒に走った。1500mでは、学校内で一番速い生徒たちが出場し、アブラハムも加わって競技した。アブラハムは、ペースを変えて先頭から最後尾まで生徒と並んで走っていたが、最終コーナーで最後尾からトップに迫り、ゴールでは1着を生徒に譲って、場内の喝采を浴びた。

涌沢雅子校長は「手足が長くスリムな体型が、さすがオリンピック選手だと思いました。シャイでおとなしい印象でしたが、話しかけるときちんと丁寧に答えてくれました。最初はアフリカの人は、みな陽気でムードメーカーみたいな先入観がありましたね。でも国や民族ごとに違うことが分かり、勉強になりました」と体育大会での印象を語った。

11月の訪問では通常の英語と体育の授業に参加し、3年生との意見交換会（1年・2年生はリモートで見学）を行った。英語では比較級をやっていたので、選手たちは生徒の中に分け入って、実際の文法などを使って説明していた。意見交換会では各選手がスピーチを行い、生

徒と自由に会話を楽しんだ。

スピーチは、全員が「平和と国民の団結（ユニオン）が大事だ」と強調した。オリンピック参加も、国民団結という使命が重要という話だった。生徒たちは、日本選手のメダル獲得や記録へ挑戦といった目的と、ずいぶんと違うなという印象を受けた。

南スーダン選手団について、荒砥中生徒の須賀結暖《ゆのん》さんは、次のように感想を語る。

「体育大会の時に突然現れたときは驚きました。大会では、ルシアと走りましたが、手加減してくれたので並んで走れました。前橋市がホストタウンで南スーダン選手団を招いたことは、大きな意義があると思います。こういう具体的な触れ合いが、国際理解を深めると思います。ホストタウンをやっている前橋市に誇りを持ちました」

同じく榛澤紅歩《くれは》さんは「意見交換会で、オリンピックや母国について質問しました。外国人と話すのは初めてで緊張しましたが、授業で習った英語が通じたのでうれしかったです。これまで知らなかった南スーダンに興味が湧いてきました。大人になったらぜひ行ってみたいと思います」と語ってくれた。

涌沢校長は「外国、特にアフリカという日本人にあまり馴染みのない国の方と接することができて、生徒たちには大きな刺激になったようです。電気、ガス、水道といったインフラも、戦争などで国が乱れると、機能しなくなること。また、同じ南スーダン人でも、部族が違うと対立して内戦になってしまうことなど、現代の日本の子どもたちには、なかなか想像できません。しかし、実際に体験談を聞くことで、実感が持てたようです。とても良い国際交流だったと思います」と選手団訪問の成果を語ってくれた。

統合で閉校となる春日中。最後の体育大会に選手団が参加

統合で閉校となる最後の年、南スーダン選手団が訪れ、学校交流をした学校がある。

市立春日中学校は、2020年度末に閉校、4月から市立広瀬中学校と統合し、市立明桜中学校となった。市立春日中学校は、1978年に隣接する中学校の生徒増により開校し、40年以上の歴史を持つ。最後の年に何か記念になるイベントができれば、という教職員の願いから、南スーダン選手団との交流を企画した。2019年の校長会で選手団との交流会は承知していたが、直接のきっかけは駅伝大会だった。

「市の駅伝大会の時、観戦していた知人から、選手団が市内の学校訪問などをしている、という話を聞きました。当時は新型コロナの影響で学校の行事はほぼ中止。当校は翌年統合が決まっていました。何か生徒に春日中の思い出を作ってやりたいと考えていたので、ぜひアスリートを呼んでみたい、と市のスポーツ課にお願いしました」と旧春日中の荻野雅志校長（現：市立木瀬中校長）は語る。

2020年10月20日、体育大会への参加が実現した。選手団は、短距離から長距離まで得意な種目に出場した。個人戦ではペースを落とし、生徒と並んで走っていた。クラス別リレーでは全力で走り、圧倒的な走力を見せ、全校生徒から喝采を浴びた。

生徒会の本部役員が企画した交流会では質疑応答があり、生徒は思い思いの質問をぶつけた。南スーダンの日常生活、日本の印象などの質問が多く、選手はそれぞれ丁寧に対応。終わる頃には、生徒たちは南スーダンのファンになっていた。

「春日中の最後の年に、本当に良い思い出を作ってくれました。生徒たちも、選手たちに日本の印象を聞いたり、母国の様子を尋ねたりしていました」と荻野校長は話す。

「オリンピックでは、私たち元春日中関係者は、南スーダンを応援すると思いますよ。超人のようなアスリートとの出会いに、子どもたちは夢と可能性を感じたと思います。教師としては、子どもたちが自主的に南スーダンに関心を持ち、よく調べていたのが印象的でした。個人的には、オリンピックのアスリートに会えたのだ、という実感ですね。体育大会の閉会式の時、本校の校歌と南スーダンの国歌を流しました。これが体育大会で流れる最後の校歌なんだな、と思うと胸がいっぱいになりました。同時に流れた南スーダンの国歌も、ずっと忘れないでしょう」と感慨深げに語ってくれた。

市立前橋高校では、英語教育にも役立てる

2021年1月14日と3月17日に、市立前橋高校を訪問した。1月は市内で活躍する外国人たちと交流する特別授業「めぶけ！グローバルな高校生へ」に参加し、その後陸上部と合同トレーニングを行った。3月は英語の授業でグループディスカッションだった。

陸上部の部活に選手が参加した際は、部員が「日本語禁止」で選手からレクチャーを受けた。陸上部の武藤菫《すみれ》さんは、アスリートとトレーニングした経験を次のように話す。

「身体能力のすごさにびっくりしました。軽々と走ってすごいタイムを出していました。サーキットで100mダッシュを2本やりました。興味深かったのは、母国の話で、日本ではよくある運動種目がない、ということです。例えば鉄棒や平均台はやったことがないそうです。だから懸垂とか逆上がりはできないとか、別の意味で驚きました」

生徒との交流では、あらかじめ用意した質問を、英語で質疑応答した。中心となった大澤里奈さんは「皆さん、どちらかというと控えめな感じでしたが、質問には丁寧に答えていただきました。南スーダン

の話は直接体験なので、実感がこもっていました。リラックスタイムに『あっち向いてほい』を教えて一緒にやりました。選手も生徒も大笑いしました」と話す。

指導に当たった英語科の有賀早也香先生は、選手団との交流の印象を次のように説明した。

「異文化を直接感じたり、英会話の実践として役立ったと思います。南スーダンの同年齢の生徒がどういう環境で学んでいるかという話では、日本の高校生の恵まれた環境が実感できたようです。また、南スーダンの若者が、目標を持って努力するアグレッシブさには、驚いていました。英語教師の立場から見ると、南スーダン人全員がネイティブな英語を話すわけではないと知りました。アブラハムはウガンダの学校で英語を学んだので、聞き取りやすいと感じました。『めぶけ、グローバル』や、『イングリッシュキャンプ』など色々なカリキュラムがあります。今回のようなネイティブでない方々との会話も、効果的だと思います。個人的には、選手団が自分で決めた目標に向かって頑張る気概に打たれました。生徒たちにとっては、今回のオリンピックは、特別な体験になると思います」と有賀先生は交流経験を語ってくれた。

学校訪問のほか、こども新聞記者の取材なども

南スーダン選手団は、前述の幼稚園・学校の他、いくつもの教育機関などとの交流を行っている。

2020年2月20日には大室小学校、2月27日総社小学校、7月1日あおいこども園、9月30日明和幼稚園、11月11日と18日群馬大学共同教育学部附属中学校を訪問した。12月11日には、県外の長野県富士見高校園芸科が、学校で栽培したトマトを王山運動場で選手団に贈呈し、

その後選手たちの練習に参加した。

選手団には、メディアの取材も多かった。一般の新聞、テレビ以外にこども新聞のインタビューにも積極的に応じた。2月13日全国の「こども新聞」の小学生記者が集う「こども新聞サミット」に参加し、ホストタウン前橋でのキャンプの目的、成果などの取材を受けた。

section 02　地域のイベントに積極的に参加

市民との交流として、各種イベントや住民集会などへの参加も行われた。

2020年1月4日は亀泉町自治会の「もちつき大会」に参加した。選手団にとって、杵と臼を使った餅つきは初めてで、米を餅にする作業を楽しんでいた。つきたての餅で餡ころ餅などを作り、試食した。

1月5日には宿舎のある西片貝町自治会の新年互例会に参加。自治会員から東京五輪での活躍を期待して「フレー、フレー」のエールが送られた。

他にも自治会や公民館から交流会の申し込みが多数あったが、新型コロナの拡大により、ほとんどに参加できなかった。

1月9日は前橋初市まつりを見物した。初市は江戸時代初期の酒井重忠侯の時代から伝わる六斎市が起源とされる。以前は日用雑貨や生糸の市だったが、今では年の初めを飾るダルマや縁起物の露店で名高い。大勢の人出と賑やかな雰囲気に選手たち

地元のイベントに積極的に参加。餅つきをする選手たち

は驚いていた。お焚き上げ、渡御の儀にも参加し、日本のお祭り気分を味わっていた。

8月23日は「あかぎ大沼バーチャルトライアル2020」に参加した。これは赤城の大沼湖畔の5キロをランニングするレース。

10月31日は「赤城山ARヒルクライムレース」に参加した。南スーダンの選手4人と、ジミー（ケニアからの留学生）が交代で参戦し、オープン参加ではあったが、距離20.8km、標高差1,313mのヒルクライムコースを、1時間19分6秒でゴールした。

11月5日には「前橋シェイクアウト2020」に日本語学校で参加した。これは地震を想定した市民参加型の防災訓練。ルシアを除く選手たちは手足が長く学校の机の下に入ることができなかったので、教科書で頭を守った。

一般に南スーダンでは地震はあまりない。アブラハムによると「母国で地震を経験したことはない。お母さんが『子どもの頃、地面が揺れたことがあり怖かった』と話してくれたことがある」ということで、地震の少なさが分かる。

2021年1月10日は上泉町のどんど焼きに参加した。自治会の絵手紙の会との交流も行った。

ニューイヤー駅伝を応援

「駅伝」は、日本や東アジア以外ではあまり見られない独特の競技だ。近年は各国で「Ekiden」といった名称で行われるようになったが、南スーダンではほとんど知られていない。選手団は、来日した翌年の2020年1月1日に、「ニューイヤー駅伝2020」を観戦した。

選手団を指導する山岸コーチ・小渕コーチが勤務している株式会社登利平の本社が、ニューイヤー駅伝の第2中継所になっていた。ここ

で 同社の丸山勝弘社長に新年の挨拶をし、通過する選手を応援した。

ほとんどのチームに外国人選手、特にケニアかエチオピア選手がいる。Mr.ジョセフは、アフリカ各地の競技会などを通じ、参加するほとんどのアフリカ選手と知り合いで、中継所に来るたびに挨拶し、付き添っていたスポーツ課の職員に国名と名前を教えていた。Mr.ジョセフもアフリカの選手がこれだけ日本で活動していることに驚いたようだった。

実際の選挙事務を見学、母国の国づくりに役立つ体験

2020年2月9日、前橋市長選挙の投票事務を視察した。母国の南スーダンでは国民投票によって独立が決まったが、それ以後、同国では選挙がない。今後国際機関の協力などを得て、初めての統一選挙が行われる予定である。日本の選挙制度を、英文の解説書を読んで把握した後、実際に投票所や投票事務を視察した。

独立の決定、今後の政治の行方を決めるなど、南スーダンにとって「選挙」は重要な意味を持っている。日本の選挙の一端に触れたことは、選手団のそれぞれにとって、貴重な体験になっただろう。

section 03　キリスト教会に通う

世界を見渡すと、社会生活に宗教が大きな影響を与えている国や地域が多い。

南スーダンがスーダンから独立した大きな要素は、宗教問題である。スーダン北部は、アラブ系が多くイスラム教徒が主流だ。南部はキリスト教が多く、他にイスラム教やアミニズムの少数部族もいる。

南スーダン選手団にとっても、宗教は生活に欠かせない要素だ。来日直後の2019年11月末、通訳ボランティアから「選手団が日曜日に教会に行きたがっている」という連絡があった。

選手団に確認したところ、カトリックとプロテスタントに分かれた。前橋市内にプロテスタント系の教会は複数あるが、カトリックは1カ所だ。カトリック前橋教会の中嶋義晃神父に事情を話すと、「もちろん歓迎します」というお話をいただいた。

プロテスタント教会のうち、選手団のいるホテルに近く、同時に外国人への対応に慣れているということで、前橋キリスト教会の内田和彦牧師に選手団の希望を伝えた。牧師からは「全く問題はありません。お待ちしています」という回答をいただいた。

12月8日日曜日、それぞれの教会に選手を案内した。教会に集まっていた信徒の方々も歓迎してくれ、選手たちもやっとミサまたは礼拝に参加できると、ほっとしていたようだった。

それから毎日曜日の午前中は、それぞれが自分の宗派の教会に通うことになった。最初は職員が車で送迎、翌2020年1月の自転車安全教室の受講以降は、自分の自転車で教会に通った。

スマートフォンに入れた聖書を読むことが慰めになる

アフリカというとイスラム教のイメージが強いが、実はエジプトやナイル川周辺などは1世紀からキリスト教が伝わっていた。アレクサンドリアは、古代キリスト教教学の中心地であった。その後イスラム教が中東から北アフリカに広がるが、キリスト教はコプト教会という形で存続していく。

前橋キリスト教会の内田牧師は、選手たちの信仰について次のように語る。

「信仰に熱心で、来日してしばらく礼拝に出られなかったので、とてもつらかったと話しています。スマートフォンに聖書を入れてあるので、それをよく読んでいますね。南スーダンのキリスト教は、コプト教会とは別に、19世紀頃から植民地化と同時に入っていった宣教師による布教の結果のようです。南スーダンではカトリックが多く、聖公教会や長老派もいます。一方、お会いした南スーダンの選手団の方たちは、それほど宗派にはこだわらないようですね。礼拝も聖書も同じなので、当教会にもすぐ溶け込みました」

カトリック教会にMr.ジョセフ、アブラハム、ルシアが、プロテスタント教会にマイケル、アクーンが通った。カトリック教会が改修工事をしていたとき、内田牧師の礼拝に参加する選手もいたようだ。

異なった国や文化の人が通じ合うためには、宗教理解が重要

前橋キリスト教会は外国人の信者が多く、英語で会話を交わすこともある。礼拝の後、食事を共にしたり、外国人同士の交流の場ともなる。日曜学校でアクーンやマイケルが話をしたこともある。オリンピックに対する選手たちの気持ちを、内田牧師は次のように話す。

「私の理解では、南スーダンの選手たちは、自分たちの個人的な成功よりも、オリンピックに出ることで、世界が南スーダンを知ることを願っています。さらに、母国の人たちに、南スーダンが世界の舞台に出ている姿を見せ、誇りを持ってほしいと希望しています。それだけ大きな使命感があるということでしょうね」

内田牧師の妻の内田みずえさんは「この教会には、インドネシア、ポリネシア、ブラジルなどたくさんの国の方がいらっしゃいます。『神の家族』という言葉が聖書にあります。それまでは他人だったのが、教会では同じ信仰を持つ家族である、ということでしょうね。南

スーダンの選手たちも教会に来ることで、たくさんの家族と共に過ごせるのです。日本に来てカルチャーショックがあると思います。新型コロナの影響で滞在が長引いたことも神の与えた恵みと考え、帰国後の人生に役立ててほしい。教会のネットワークは世界中に広がっています。南スーダンに帰ってからも、つながりを持ち続けてほしいと思います」と語ってくれた。

アクーンが練習しているときに、心の励みにしている聖書の言葉は「私はあなたの恵みに拠り頼みました。私の心はあなたの救いを喜びます」（詩篇13：5）である。

section 04 歯科治療

前橋キャンプを行っていくには、市民はもちろん、企業、団体の協力が欠かせなかった。

来日して2週間程度経った2019年11月末、アクーンが歯の痛みを訴えた。痛くて練習も満足にできない程だったので、近くの歯科医院に連れて行った。

診療したところ、虫歯が数本あり、口腔全体が良くない状態だと分かった。取りあえず痛み止めの処置と、抗生物質、鎮痛薬を処方してもらった。

1週間後、再検査した結果、ひどい状態の虫歯が数本あり、何本かは抜歯が必要だと歯科医は診断した。治療には週1回の通院で半年以上かかるだろうと、付き添いのスポーツ課の職員に話した。

さらに12月になると、今度はルシアが歯が痛い、と訴えた。練習もできず、歯が痛くて泣いている。彼女もアクーンと同じ歯科医院で診察を受け、数本の虫歯があると診断された。全体的な治療には、アクーン同様数カ月かかると予想された。

南スーダンでは、歯科医院に行く習慣がない

歯の健康は、アスリートにとって非常に重要な要素である。歯痛はもちろん、かみ合わせなども運動能力に影響する。アクーンとルシアの症状からすると、選手団全員の検査と、オリンピック開催までに完治する治療計画が必要だと結論づけた。

選手団に南スーダンの歯科治療の状況を確認すると、日本とはかなり違うことが分かった。アクーンによると、南スーダンでは歯科医院に行く習慣がなく、痛いときは鎮痛剤で痛みを抑え、自然に良くなるのを待つか、最終的に悪化して抜け落ちるのを待つ、ということらしい。歯を抜くのは珍しいケースだという。

ルシアは診療室に入り、動くベッドのような診療台、周囲を囲む様々な医療器具を見てびっくりし、何をされるのか恐怖を感じるほどだった。通訳を通じて歯科医がいくら説明しても、なかなか口を開かない。取りあえず簡単な歯のクリーニングを行い、鎮痛剤と抗生物質で対処するしかなかった。

歯科医院に通ううちに、ルシアもだんだんと治療器具の目的や、治療で痛みが治まることが分かってきて、診察に協力的になってきた。

前橋市歯科医師会の協力

南スーダン選手団は、前橋キャンプをはじめる際、トレーニング中のケガや病気、事故などに備えて、損害保険会社の「海外旅行保険」に加入した。しかし、この保険では歯科治療は対象外だった。

アクーンの治療費を見ても、1回の治療に1万円程度かかっている。

ルシアと2人で週1回数カ月、さらに他の選手も歯の治療が必要だという事になれば、滞在費の負担が大きくなる。このため、前橋市歯科医師会に相談してみることにした。

2019年12月に前橋市歯科医師会の石原秀一郎会長と副会長、専務理事、常任理事、事務局長に事情を説明し、協力を求めた。ホストタウン引き受けの経緯から、南スーダンの国情、選手団の構成など説明は多岐にわたった。

翌年1月に回答があり、理事会で協議した結果、選手団の治療費は前橋市歯科医師会が負担することになったと報告された。無償のボランティア診療である。

アクーンとルシアは、そのまま毎週1回、トレーニング後に治療に通うことになった。アクーンは2020年7月までに20回通院し、治療を終えた。ルシアは2020年3月までに7回治療して良くなったが、10月にまた痛くなってしまい、3回治療した。抜歯したところの歯磨き不足でゴミがたまり、歯周病になったのだ。

前橋市歯科医師会石原秀一郎会長による選手団の治療

南スーダン選手団の治療に当たった前橋市歯科医師会の石原会長は、今回の決定前から診察に携わってきた。治療費を負担する、という案を支持し、診療以外でも様々な支援をいただいた。

「歯科が保険の適応外だと知り、ホストタウンの市民として、これはなんとかしなくては、と思いました。当初はオリンピック前に、5人全員の検診と必要な選手の治療を行うということで、私と最初にアクーンを診察された金山英明先生が担当しました。選手に身近に接することで、生身のアスリートの気持ちが分かったのと、南スーダンの歯科医療の現状なども理解でき、とても良い経験だと思います」と石原会長は話す。

南スーダンでは、元々歯を磨く習慣があまりなく、マイケル、アブラハムも、歯石がかなりあった。Mr.ジョセフは、奥歯がすり減り、それが再生した後があった。アブラハムも同様で、固い穀物を食べ続けたため、奥歯のすり減りが目立った。年配の者ほど、粗食なので虫歯は少ないが、歯石や歯周病が問題になる。

石原会長にお褒めの言葉をいただいたMr.ジョセフの歯も、日本の甘いものには勝てなかったようだ。歯磨き不足が原因で2021年1月に歯痛を訴え、7回治療を受けた。

「アクーンとルシアは甘い物が好きで、独立後手に入りやすくなったチョコレートなどをよく食べた結果、虫歯が悪化したようです。『スーダンチョコ』という特産物が出回っているようです。逆にMr.ジョセフは、若い頃は甘い物がなく、それが良かったんですね」と石原会長は語った。

帰国後を考え、堅実な治療法を採用

石原会長は、日本人と南スーダン人は、顔の骨格がかなり違うという。南スーダン人は、日本人に比べて顔が前後に長いので顎に歯が生えるゆとりがあり、そのため親知らずが普通に生えている。日本人の場合、顎が短く歯が密集するため、最後に生える親知らずが曲がったり、他の歯と干渉するので問題となるという。

最初は口を満足に開かなかったルシアも、丁寧な説明と、石原会長の笑顔に次第に心を開き、きちんと治療を受け、言葉を交わすようになった。

「心がけたのは、帰国後の医療環境です。帰国後は満足な治療が受けられないことが予想されます。日本では、インプラントやブリッジなど、時々歯科医院で見てもらえば十分ですが、それが南スーダンでは難しくなる。そのため、帰国後にフォローが必要な治療法は用いないことにしました。なるべく基本的な治療法を心がけ、メンテナンスが必要な技術は、あえて避けました。今は良くても、何年か経って、歯科医師にかかれなくて故障してしまう、といった事が起こらないように治療しています」

石原会長は「思わぬ事から南スーダン選手団の診療を行い、東京五輪に関わることができました。前橋市のホストタウン事業にも微力ながら協力できたと思います。これは、前橋市歯科医師会メンバーの協力があったからできたことです。競技での活躍はもちろん、帰国後も歯を大事にして頑張ってほしいですね」と語ってくれた。

section 05 企業や団体による多彩なサポート

スポーツ課では選手団の来日前から各方面と協議し、前述のように吉野宏氏をヘッドコーチとするコーチ陣を編成した。その中で山岸コーチと小渕コーチが勤務する株式会社登利平の協力が欠かせなかった。山岸、小渕両氏は同社の「登利平アスリートクラブ」に所属する選手である。会社の勤務時間内に独自のトレーニングをしているため、その合間に南スーダン選手団へのコーチをお願いした。勤務とのスケジュール調整も含め、登利平のご理解とご協力が必要だった。

同社の丸山勝弘社長、中村哲也副社長（前橋陸協副会長）に、長期事前キャンプでのコーチ派遣をお願いしたところ、快く引き受けていただいた。

中村氏は「最初に前橋市からお話を聞いたときから、オリンピックに協力できるなら、ぜひお引き受けしたいと思っていました。

私も入社前は陸上をやっていました。1999年に『登利平アスリートクラブ』をつくって選手のレベルアップ、当社の広報に大きな効果を上げてきました。国体のコーチも十数年やりましたが、オリンピック選手のコーチに協力できるのは、アスリートとしてもやりがいがありますね。直接担当する山岸は2000年、小渕は2019年入社で当クラブの中心選手です。世界陸上、選手権に出場する選手を抱えるレベルの高いクラブなので、他国の選手と共同練習も欠かせませんね。県内にもアフリカ人選手は何人も来ていますが、南スーダンは初めてではないでしょうか。山岸、小渕のトレーニングにより、東京五輪でいい成績を出せることを期待してます」と語ってくれた。

山岸コーチはベテランとして指導の方針を次のように語る。

「私は平日午後、王山運動場に行っています。選手団の意向や体調などを考慮して、最適なプログラムを作っていきたいと思います」

小渕コーチは長期キャンプのコーチングについて「自分も現役の陸上選手としてトレーニングしています。アスリートは、練習の時も仲間と競いあって走る方が効果が上がります。教える、ということでなく、アスリート仲間として共に成長していきたいですね」と語ってくれた。

中村氏はさらに「当社は、地元で誕生し、地域に溶け込んで育ってきました。これまでお世話になっている地域の方々、お客様に地域おこしで恩返しができればと思います。国際貢献にもつながるので、会社としても選手団を応援していきたいですね」と語ってくれた。

ユニクロのウエア、ミズノのシューズの支援

SSNOCとの「協定書」の調整において、前橋に来る選手団が、長期のキャンプを賄えるだけのトレーニングウエアを持参するとは思えなかった。また、ジュバの平均気温が22度程度なので、防寒着を含めた冬物衣類は持っていないと想定して準備する必要があった。しかも5人分なので、買いそろえるとなると相当な金額になる。

そこで、企業に支援してもらえないかと思った。すぐに思いついたのがユニクロだった。調べてみると、ユニクロがスウェーデンオリンピック委員会のオフィシャル・クロージング・パートナーになっている。また、国連難民高等弁務官事務所（UNHCR）が南スーダンで行っている難民支援活動に資金提供していることも分かった。株式会社ユニクロの担当者に打診したところ、前橋の取り組みに賛同していただけることになった。

ユニクロからは、選手たちの普段着やトレーニング用ウエアなどを全般的に提供いただいた。まずはベンチコート型のダウンジャケットとトレーニングウエアを送っていただき、前橋に来て3日目の2019年11月16日には、ユニクロ・ガーデン前橋店にて自分たちの着る普段着などを選んだ。おかげで来日直後から「南スーダン選手団」という形を整えて各種行事に臨むことができた。以後、2021年の東京五輪まで、選手団はユニクロのウエアを着て過ごすことになる。

ユニクロ提供のトレーニングウェアを着て、
山本市長を表敬訪問した選手団

ミズノ株式会社からは、トレーニングシューズ、スパイクシューズと大会で着用する競技用ウエアの提供を受けた。前橋市から打診した結果、同社担当者から快諾をいただいた。選手団に贈られたシューズは最新、最上位のモデルでトレーニング環境を一新させた。シューズの手配は焦眉の急であったため、選手団はもちろん、スポーツ課として胸をなでおろした。

ミズノは選手団に競技会で使用するシューズとウェアを提供。記者会見に臨むコーチのMr. ジョセフ、山本市長、ミズノの高橋支社長

各地の大会やオリンピック本番で着用したおそろいのチームジャージ及び競技用ユニフォームも、両社からの提供である。ウエアに南スーダンの国旗か「South Sudan」のロゴをプリントするのでどちらがいいか選手団に聞いたところ、ロゴを選んだ。国旗ではどこの国か分からないだろうということが理由だった。

OKULABはクリーニングで、群馬ヤクルト販売は飲料支援

毎日のトレーニングで、大量の洗濯物が出る。選手団の洗濯のサポートをしていただいたのが株式会社OKULABである。来日した当初、ホテル近くのコインランドリーで洗濯したが、乾燥も含めるとかなりの金額になった。長期のキャンプなのでなんとかしたい、と考えていたところ、OKULABの久保田淳代表取締役から「洗濯でお手伝いしたい」というお話をいただいた。

群馬ヤクルト販売株式会社からは、選手団の飲料水、スポーツドリンク、野菜ジュース、ヤクルトの提供を受けた。前橋市からの「オリンピック選手たちへ飲料をご提供願えないか？」という申し出に、塩

谷輝行社長には快く応じていただいた。前述したように、選手団は生野菜を嫌うので、その分、同社の野菜ジュースを毎日飲ませることで補った。

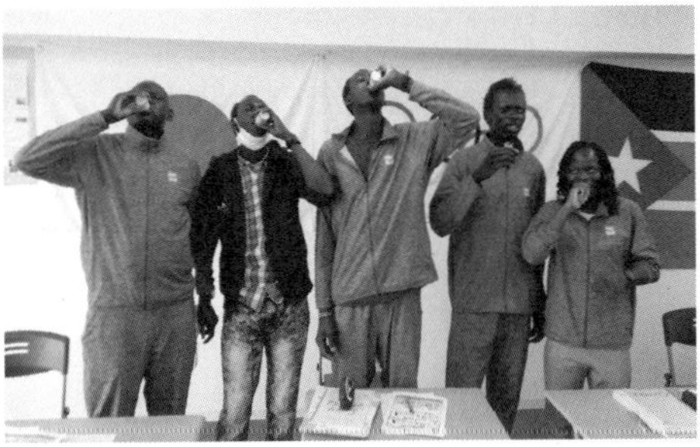

選手団はトレーニングや日常生活で、群馬ヤクルト提供の健康飲料を愛飲した

コカ・コーラボトラーズジャパン株式会社の申し出により、市の「都市魅力アップ共創推進事業」の一環として「南スーダン応援自動販売機事業」を実施することになった。これは、民間活力を生かし、前橋市の新しい価値の創造などを図る事業である。市役所北側駐車場の他9カ所に、南スーダンの国旗の色でペイントした自動販売機を設置した。売上金は長期事前キャンプに寄附された。

南スーダン応援委員会の支援活動

前橋市に本拠地を置く任意団体「南スーダン応援委員会」は、2019年9月に、ホストタウンとして南スーダン選手団を受け入れた前橋市のサポート役として設立された。代表は元JICA群馬デスク国際協力推進員の佐藤祥平氏だ。メンバーは10人程度で市民の立場できめ細かな支援活動を行ってきた。

主な活動は、応援Tシャツの制作と販売で、Tシャツ販売の利益を前橋市に寄附している。

佐藤代表とメンバーの善養寺良子氏は、青年海外協力隊として海外で活動していた経験がある。佐藤氏は2016年から2017年にかけて、ジンバブエでスポーツを通じた支援事業を行った。

「私はサッカーをやっていたので、地元のサッカーチームに、正式なルールや効率的な戦い方などを指導しました。地域社会の問題点をスポーツを通じてみんなで解決していくなど、新しいタイプの支援事業です。その点、ナショナル・ユニティ・デーとコンセプトが共通していますね」と佐藤氏は語る。

南スーダン応援委員会は、Ｔシャツの制作や、応援、広報など幅広い支援活動を行った

善養寺氏は、2017年から2019年までボツワナでグラフィックデザインを教えた。

「ボツワナはアフリカ諸国の中では成長率が高く、高品質な印刷物のニーズが高まっています。コンピューターを使ったデザインや印刷前の処理など、主にDTP分野の技術と実務のノウハウを教えました。その後協力隊の経験を地元で生かしたいと、応援委員会に参加しました」

応援委員会では、ホストタウンのＰＲと資金集めのため、南スーダン選手団をモチーフにしたオリジナルＴシャツを制作した。デザインは善養寺氏が担当した。Ｔシャツは2,000着制作し、駅の物産館をはじめ各所で販売、人気は高く売上げの30万円を前橋市に寄附することができた。

「南スーダンという国名を、初めて聞く人も少なくないと思います。2019年の時点では、ホストタウン構想も十分に知られていませんでした。そのため、選手団の長期事前キャンプ、ホストタウンの説明も含め、応援委員会が中心となり、公民館を利用している方にも協力していただいて、南スーダンパネル展を実施しました。来場された方は、現地の活気あふれる写真に関心していました。南スーダンは、長い独立戦争や、その後の混乱などで、あまりいいニュースがなかったですね。五輪選手団が来ることで、関心が高まっています。恵まれた地下資源や、ナイル川の豊富な水源、多様な国民など、可能性のある国です。これを機に、選手団に注目が集まってほしいですね」と佐藤氏はパネル展の成果を語る。

応援委員会は様々な計画を準備していたが、新型コロナの影響でできなかった企画もある。その中で可能な限り、選手団と前橋市民の交流の機会を作っていった。

佐藤氏は「ジンバブエでサッカーを指導をしていた時は、子どもたちは裸足でボロボロのボールを蹴っていました。スラム街にいる子も多く、サッカーが最大の娯楽であり、希望なのですね。ジンバブエのプロリーグに進むのが目標なのです。ジンバブエ人でUAEのチームに入り、リーグで活躍している選手もいます。途上国の若者にとって、スポーツは娯楽という以上の大きな存在です。南スーダンの選手たちも、同じような環境で育っていますね。前橋でのキャンプが、いい体験になるよう、支援していきたいと思います」と応援委員会の方針を語ってくれた。

前橋市議会の長期キャンプ支援と国際交流

前橋市は、3つの外国都市と姉妹都市または友好都市になっている。そうした国際交流を積極的に推進してきたのが、前橋市議会の横山勝彦議長だ。当初から山本市長の長期キャンプ構想に共感し、来橋した南スーダン選手団を応援してきた。

2019年12月11日、市議会主催の激励会を開催し、南スーダン応援Tシャツを着た市議会議員が選手団の活躍を祈念した。東京五輪が間近に迫った2021年7月16日の壮行会では、横山議長が励ましの言葉を送り、市議会議員全員のサインが入った市旗を選手団に手渡した。

「東京五輪に2人の選手が出られなかったことは残念ですが、今後も交流事業は続きます。長期キャンプの実績を基に、この縁を大事にして関係を深めていってほしいですね。

最初会ったとき、選手たちの表情が硬く、笑いがないのは来日直後の緊張のせいだと思っていました。その後事情が分かってくると、選手団の一人ひとりの歩んできた人生を確認し、南スーダンのおかれた立場を思うと同時に平和の大切さを実感しました。

今年（2021年）3月に楽歩堂前橋公園（臨江閣前）で選手団と聖火リレー記念植樹を行いました。その時は、2019年頃と打って変わって笑顔を見せてくれたんですね。これも前橋市民をはじめ、接した皆様の温かい気持ちと、平和な日本で過ごした表れなんだなあ、と感じました。

この交流が、植樹したソメイヨシノのように大地に根付いて大きく成長することを願っています」

横山議長は、これからの交流事業への期待を込めて語ってくれた。

前橋市議会の横山議長（中央）。来日当初から選手団と厚い交流を続けた

section
06 通訳ボランティアの活動

来日前の2019年10月、JICAアフリカ部アフリカ第一調査役（当時）の山中祥史氏が、通訳ボランティア説明会において南スーダンについて説明した。戦争を経て独立したこと、その後も内部抗争や混乱があり、決して安定した社会とはいえないことなど、選手団と接するときに必要な情報を提供した。

山中氏は「選手団は大変過酷な経験をしている可能性があります。その経験は、他国の人に気安く語れないものも含まれているかもしれません。私たち日本人には、想像すらできないものかもしれません。でも、お互い同じ人間で、触れ合うことで理解していくことができます。選手団から独立当時の話や、政治的な発言があったときは、大げさに同情したり同調したりせずに、『色々大変だったね』と言葉をかけ、先入観を持つことなく、彼らの気持ちに寄り添うようにしてみてください」と話した。

通訳ボランティアは、当初は選手団とのやりとりに緊張することもあったが、次第に打ち解けた。選手たちも温かい歓迎の気持ちを理解し、心を開くようになった。通訳ボランティアは、それぞれの経験や想いを活かしながら活動を行い、選手団のトレーニングや前橋での生活において欠かせない役割を果たすことになる。

通訳ボランティアの方々。毎日の練習日など選手団の身近にいて、英語能力を生かした支援をしていただいた

笛木美子さん
「だんだんと日本文化に関心を持ってくれてうれしい」

「選手と最初に会ったときは、ずいぶんとおとなしい人たちだな、という印象を持ちました」と、通訳ボランティアの笛木美子さんは回想する。当初は、2019年の冬から翌年の夏までだと思っていたが、新型コロナで1年間延びたので、継続して通訳を務めている。主に毎週月曜日の通訳を担当した。

笛木さんはミッション系大学在学中に、アメリカに留学。定年退職後、JICAのシニアボランティアでチュニジアに2年駐在し、その後も何度か現地に行き、幼稚園づくりなどに貢献した。帰国後は通訳や、教会で外国人のお世話などをしてきた。

「週に1回王山運動場に来て、コーチと選手の通訳をしています。最初はスポーツ関係の専門用語に苦労しました。選手たちも日本語を勉強していて、コーチの指示はだいたい分かるようになりましたね。若いルシアは甘い物が大好きで、日本のお菓子を『おいしい』と食べ過ぎて虫歯になってしまいました。アブラハムは日本風のカレーを気に入り、機会があれば食べています。コンビニのレジや、高速道路など社会システムもよく観察していて仕組みに興味を持っています」

アフリカ滞在経験のある笛木さんだが、地中海沿岸の国と、ナイル上流の南スーダンでは、かなり文化が違うという。

「私の印象では、南スーダンの人は、人見知りで物静かな感じがします。一方親しくなると、きょうだいのような関係になります。通訳という形でお手伝いしていると、相手の母国をもっと知りたくなりますね。いつか母国で活躍している彼らを訪ねてみたいと思います」と語ってくれた。

嶋﨑裕里さん
「学んだことをしっかり生かした動きに、本物のアスリートのすごさを感じます」

「来日した頃は、皆さんとても緊張した顔をしていました。日本についてもあまり事前の知識がない人が多かったようで、見るもの、聞く事、全てが珍しかったようです」と話すのは、通訳ボランティアの嶋﨑裕里さん。最初のきっかけはトランポリン大会の通訳をしたことで、前橋市からの募集を見て、仕事が休みの火曜日に通訳をすることにした。

嶋﨑さんにとって、南スーダン人と会話をすることは初めてでどういう国かもよく分からなかった。通訳自体はトレーニングや日常の買い物などが多いが、だんだん慣れてくると、プライベートな話もするようになった。

「南スーダンの様子を聞いて、独立する際の戦争や、その後の内戦が後を引き、今現在の国づくりが進んでいないことを理解しました。日本人の戦争体験は遠い昔の話ですが、彼らにとっては、数年前の出来事なんですね。個人的な話では、家族をとても大事にしています。きょうだい、親戚が多く、元々大家族の中で育っているので、家族のために東京五輪で頑張る、という気持ちが強いですね」

嶋﨑さんはお菓子づくりが趣味。通訳に行くときに、時々自分でつくったケーキを持っていき、みんなに振る舞う。トレーニングの合間に、パウンドケーキやマフィンをみんなでつまむのも楽しい時間だ。

「トラックを走っている選手の姿が、とてもきれいなんですね。手足が長いし、動きが敏捷できびきびしています。日本の合宿で学んだことを無駄なく生かした走りを見ていると、さすが一流のアスリートだと思います。通訳をして東京五輪が身近に感じられますね。大会で頑張ってほしいと思います」と、嶋﨑さんは選手たちに声援を送った。

石原広宣さん
「異文化を深く理解して社会貢献をしたい」

石原広宣さんは映画が好きで、洋画の舞台となっている外国に興味を持っていた。若い頃、英語圏に留学し、社会人になってからも英語の勉強を続けてきた。トランポリン大会で通訳ボランティアをしてから、自分の英語力が社会の役に立てる喜びを知り、土曜日に選手団の通訳を務めた。

「自分の知っている英会話とは違い、通訳だと現実にそこにいる外国人の考えを理解し、自分の言葉にしなくてはなりません。また、教科書通りの聞き慣れた表現や発音と異なることも多く、恥ずかしながら時には聞き取れないこともありました。逆に私のような日本人の発音もどこまで分かってもらえているのか不安を感じたこともあります。それでも通訳の活動を長くやっていると、異文化を学んでいく醍醐味を感じます」と話す。

選手団からは、東京五輪にかける意気込みや、国の代表として来ているのだ、という責任感の強さを感じるという。

「何カ月も通訳をしていると、一人ひとりの個性が少しずつ分かるようになりました。アブラハムは礼儀正しくいつも深々とおじぎをしてくれました。マイケルは母国で障がい者として苦労したようですが、自分に与えられたチャンスを全力で生かそうとするひたむきさに心を打たれました。アクーンはちょっと恥ずかしがり屋さん。ルシアは明るく場を和ましてくれます。ジョセフコーチは、一番の年長者で、コーチとして時に熱くなり母国語で選手を励ましてくれました。その場の緊迫感などは通訳だけでは選手に伝えきれないので、ここぞという場面では頼もしい存在でした。いつの日か、同じ月日を過ごした仲間として再会できればうれしいです」と、石原さんはこれまでの通訳経験を振り返って語ってくれた。

松村文雄さん
「豊富な海外体験を生かし、東京五輪に貢献したい」

通訳ボランティアの中には、中東やアフリカの滞在経験があり、現地の文化に通じている方もいる。建築士の松村文雄さんは、青年海外協力隊でケニア、シリア滞在が長く、現在は群馬県青年海外協力隊を育てる会理事や協力隊ケニアOBOG会役員を務めている。

「南スーダンが独立する前、スーダンの隣国のケニアで活動していました。スーダンはケニア、ウガンダと行き来が多く、気候風土なども共通している部分があります。南スーダン選手団の通訳に志願したときにまず考えたことは、マラリアは大丈夫か、ということです」と語る。

松村さんが心配したとおり、選手団の1人がマラリアを発症したが、現在の日本でマラリア患者を診たことのある医者はごく少数。ただの「ひどい風邪」と間違われかねない。

「マラリアは、熱帯地域の蚊で感染する病気です。アフリカでも流行状況は地域によってずいぶん違いますね。自分もマラリアにかかった経験があり、患者もたくさん見てきましたので、彼らの来日前に市役所の方にマラリアの説明をしました。選手が発症したときもすぐに気が付いて、重症にならなくて本当に良かった」

松村さんは火曜日・金曜日の週2回、時間ができると土日にもグラウンドに出向き、選手たちと交流した。

「海外体験を生かし、今の私にできることをしているだけです。長く選手団と接していて感じるのは、純粋なことですね。私の知る中東・アフリカ各国の中でも、特に純朴で努力家です。東京五輪で頑張ってほしいのは当然ですが、前橋での体験を、いい思い出にしてほしい。だから、練習が休みの日には、千本桜で花見をしたり、尻焼温泉で露天風呂に入ってもらったり、四季折々の自然を体験してもらっています。思い出作りのお手伝いですね。帰国後は前橋での経験を活かした色々な活動をしてほしいです。そして、これからも彼らの挑戦を手助けできればうれしいです」と、松村さんは選手団への熱い思いを語った。

多胡早織さん
「オリンピックという特別の機会に通訳ができました」

多胡早織さんは、スポーツボランティアの経験があった。イギリスに留学し、ロンドン、マンチェスターなどに滞在したことがあり、その英語力を生かして、通訳ボランティアもしたいと考えていた。スポーツと通訳を両方生かせて、いつか東京五輪と関わりたいと思っていたところ、前橋市から募集があり申し込んだ。

「南スーダンは、アフリカに誕生したばかりの国ですね。しかもオリンピックアスリートのお手伝いができるなんて最高です。自分は陸上競技の経験はほとんどないので、コーチやトレーナーの言葉を正確に伝えるため、専門的な勉強もしました。選手たちも、最初は日本のやり方に戸惑ったようですが、その後、記録が上がっていくのを実感し、日本人コーチをとても信頼しています」

女性同士として、多胡さんはルシアと特に仲がいい。走る姿は、一人前のアスリートだが、実際は10代で日本の女の子と共通するところも多い。

「かわいい物が好きですね。おしゃれに関心があるのも、日本の若い子と同じです。イメージでいうと、女子高生っぽいかな。たくさんのきょうだいの末っ子なので、甘えん坊のところもあります。髪型やネイルなど、ルシアから最近のおしゃれを教わることもありますよ」と多胡さんは笑いながら話す。

そのルシアも南スーダンのトップアスリートとしての誇りがある。国の威信を背負っているという責務からか、練習は絶対手を抜かない。競技に出ると負けず嫌いで、記録や順位が落ちたときは、悔しがって泣き出すこともある。

「ルシアは花が好きですね。一緒にフラワーパークに行ったときは、大喜びでした。若い子らしくスマートフォンで何枚も写真を撮って、故郷の知人に送っていました。バラの花は、日本も南スーダンも同じだそうです。人間同士もそんな花のように、同じ気持ちを持ちたいですね。東京五輪という特別の機会に、選手たちと触れ合えたことは、私にとってもよい経験になったと思います」と多胡さんはしみじみ語ってくれた。

志村英理さん
「チーム5人、一人ひとりと話をするのが楽しい」

志村英理さんも、トランポリン大会の通訳ボランティアが今回の活動を知るきっかけになった。語学留学経験はあるが通訳の経験はほとんどなく、スポーツ関係の専門用語や細かな筋肉、身体各部の表現などは、新たに勉強して通訳の正確性を心がけた。

「最初は、みんなおとなしい人たちだな、という印象でした。実際は親しくなると、5人ともおもしろい人たちです。引っ込み思案に見えるところもありますが、打ち解けてからはいろいろな話をして楽しい時間を過ごしています」

お互いに将来のことや心の悩みなども相談するようになり、交流も深まった。志村さんは毎週土曜日に通訳として活動しており、通常のトレーニング時以外に、買い物や散歩、外出などに一緒に行くこともある。

「敷島公園や前橋こども公園などに行ったら、気に入ってくれました。前橋の街を歩くのも楽しんでいました。選手たちは競技のことがいつも頭にありますが、いい気分転換になったようでうれしいです。ジョセフコーチは立場上、全員を公平に冷静に見なければなりません。選手としてもコーチとしてもキャリアのある方ですが、来日後は日本側コーチと話し合い、日本的なスタイルを全面的に取り入れました。専門家として日本側のコーチ陣に敬意を払い、東京五輪には日本流が最善だと判断したからでしょう」

選手たちは皆スマートフォンを持っており、日本人と同様、自由に使いこなしている。特にアブラハムはSNSに詳しく、志村さんも時には教えてもらいながら交流をしている。

「ルシアは、トラックを離れると10代の女の子らしく、甘え上手ですね。マイケルは帰国後はパラアスリートの指導者になりたいようです。東京五輪後も、彼らを友人としてずっと見ていたいですね」と志村さんは話した。

小笠原愛香さん
「共にスポーツに取り組んで仲を深めました」

小笠原愛香さんは、トランポリン大会で初めて通訳ボランティアを経験した。国際交流に携わる活動に常に興味があったため、今回も参加を決めた。

「ストレッチや体幹トレーニングなど、時々選手たちと一緒にやらせていただくのが、実は一番楽しい時間です」と小笠原さんは話す。

「私自身運動は苦手ですが、選手たちと他のスポーツも楽んでみたいと密かに思っていました。バドミントンをしたことがないと聞き、休日に公園でやってみることにしました」

初めてとはいえ、そこはアスリート、すぐにコツを掴んでラリーが続くようになった。公園で遊んでいた子どもたちも「あ、南スーダンのオリンピック選手だ！」と嬉しそうに近寄ってきて、皆でバドミントンを楽しんだ。

「コーチ陣にバドミントンの提案をしたところ、オフシーズンの気分転換の一環として取り上げていただきました。特にアブラハムはバドミントンにハマり、トレーニングの合間に『バドミントンをしよう』と誘ってくれるほどでした。

また、みんなからは南スーダン料理やアラビア語を教えてもらいました。ルシアは特に料理が上手でしたね。南スーダンの主食は『ポショ』という、トウモロコシの粉をお湯と練り合わせたもので、豆やオクラを煮込んだシチューなどと一緒に食べます。クレープみたいな『キスラ』は私が一番食べてみたい南スーダン料理です。アラビア語の発音は声を録音して送ってくれました。マイケルは私のつたない挨拶に笑いながら返事をしてくれて、アクーンはなかなか上手だとほめてくれました。

帰国したらバドミントンが流行ったりして、と冗談を言ったこともありますが、南スーダンでも色々なスポーツを楽しめる環境が整うといいなと思います。それぞれの夢に向かって走っていく選手たちを、いつまでも寄り添い応援して行きたいと思います」と、敬意を込めて話してくれた。

高島泰さん
「違った文化を持った人たちと語り合うのが楽しい」

高島泰さんが、得意な英語を生かした通訳ボランティアをしたい、と思ったのは、東京五輪が決まった頃だ。前橋市から南スーダン選手団の通訳の話があり、即座に応じた。

「南スーダンには全く縁がなく、正直、場所も正確に分かりませんでした。でも、通訳しながら様々な国の事情や選手一人ひとりの個性を知っていくことは楽しい事でした。ナイル川上流の熱帯の内陸国で、海に囲まれた日本とは大きく違います。実際に選手団とお会いした際は、2019年の年末だったのですが、しきりに『寒い寒い』と連発していました。さらに、前橋のからっ風のような乾いた寒風は初体験で、驚いていました」と、出会った頃を回想する。

高島さんが1年半以上の通訳活動を通じて感じたのは、メディアの関心の高さだ。もちろん、ホストタウンは全国にたくさんある。アフリカからの選手団もいる。でも、南スーダンという「世界で一番若い国」から来た、たった5人の選手団というのが国民の興味を引くのだろう。

「テレビ、新聞から、専門誌、子ども新聞まで取材に来られました。通常のトレーニングの際にコーチが話す言葉は、だいたいパターンがあります。『次に100mダッシュを2本』とか。でもメディアの質問は、予想外のことを聞かれることも多く、戸惑ったこともあります。選手のプライバシーに踏み込んでくる場合もあり、通訳としての判断も必要でした」

次第に個人的な話をすることも増えてくる。高島さんが感心したのは、アブラハムだ。将来へのしっかりした展望があり、夢に向かって着実に努力する姿勢に、オリンピックで彼の目標であるメダルを取ってほしいと思った。また、ルシアは逆に子どもっぽいところがあり、トレーニングから離れると、おしゃれや食べ歩きが好き。しばしば髪型を新しくして楽しんでいる様子は、「女の子は日本も南スーダンも変わらないな」と実感した。「お陰で南スーダンの人と縁ができました。東京五輪が終わった後でも、つながっていたいですね」と語ってくれた。

中村亜矢さん
「南スーダンの人のシャイなところがいいですね」

通訳以外に、ホストファミリーなど、様々な形で外国の方と触れ合う機会が多い中村亜矢さん。前橋市が東京五輪アスリートの通訳を募集中と知り、ぜひ参加したくて応募した。

実際通訳で選手団と触れ合った印象は「物静かな人たち」というものだった。

「外国の方ですと、最初からフレンドリーで、昨日会ったばかりでも10年来の親友のように接してくる方もいますね。でも南スーダンの選手たちは、遠慮深さや人見知りの感じがかなり続きました。しばらく経ってから、ようやく個人的な話ができるようになりました。その点、少し日本人と体質が似ているかも知れませんね」

中村さんは、木曜日の通訳を担当している。

「日本人コーチとのトレーニングも、1年以上経つと大分慣れてきたようです。最近だと、変則的な練習メニューを取り入れる時以外は、ポイントだけ伝えます。来日時はみんな痩せていて線が細かったですが、今ではずいぶんと筋肉が付いてきました。選手それぞれタイムが伸びていますが、特にマイケルは速くなってきているようで期待しています」

一番大変だったのは、新型コロナで東京五輪が延期になったことだ。

「いつも王山運動場では近くの中学や高校の陸上部が来て、一緒に利用しています。でも2020年の4月～5月は、新型コロナの影響で学校の部活動ができなくなり、広い王山運動場に南スーダン選手団しかいませんでした。彼らが苦手とするからっ風に吹かれながら、練習を続けるのは、心理的に大変だったでしょうね。それでも怠けないで、一生懸命努力し続けたので今があると思います。東京五輪出場というチャンスを生かし、悔いが残らないような試合をしてほしいです」と、選手団のアスリート魂を感じたと語ってくれた。

橋詰恵美さん
「陸上競技の専門用語を勉強しました」

橋詰恵美さんは、東京五輪に対する関心と、社会貢献の実現に向け、通訳ボランティアに応募した。

「通訳の面白さは、色々な外国の方と触れ合える事ですね。どんなに知っているつもりの外国でも、親しくなると、価値観の違いが感じられます。違った文化を知り、別の価値観を持つ人と語り合うのが、通訳ボランティアの楽しみでしょうか」と話す。

「始まった頃は、陸上の専門的なことは、ほぼ知りませんでした。通訳をしながら少しずつ覚えました。だんだんと一緒に過ごす時間が長くなってくると、それぞれのキャラクターが分かってきます。初めはみんなシャイでしたが、人それぞれによってかなり違うと感じてきました。ジョセフコーチは大人でチーム全体への目配りがいい。アブラハムは頭が良く、話もうまい。メディアの取材に対応するのは、だいたい彼でした。マイケルは、母国で障がい者への差別がなくならないうえ、大変貧しくつらいことも多かったようです。でもめげずに、頑張るところが立派です。アクーンとルシアは、まだ若いだけに、母国の家族や親戚をしきりに気にしていました。家族思いのルシアは、毎日のようにお母さんに電話して近況を報告していましたね。1年半以上も帰れないのでかわいそうでした」と、各人の印象を語る。

橋詰さんにとって楽しみなのは、彼らとの触れ合いももちろんだが、タイムが伸びていること。日本のトレーニングは着実に効果を出し、練習、大会などで自己ベストを更新させている。

「東京五輪の本番に期待します。順位は別にして、彼らが頑張っている姿を、母国の人たちがテレビで見られるといいと思います」

竹下容子さん（前橋市臨時職員）
「若い選手は、自分の子どものような気がする」

竹下さんはスポーツ課の臨時職員として採用された。トレーニング中の通訳のほか、選手団を乗せた車を運転して送迎したり、買い物時の通訳にもあたったりした。

「前橋市国際交流協会の英語講座に参加したのがきっかけです。協会からやってみませんかと言われ、めったにない機会なのでやってみることにしました」

選手たちに日本のトレーニングの印象を尋ねると、最初は母国と日本のやり方が違うので戸惑っていたようだった。

「日本だと『根性を入れろ』とか、『我慢』といった心の持ちようが重視されますね。選手たちは、そこが最初はよく分からなかったようです。日本の『根性』は『努力しろ』というのとは、ちょっと違いますね。でもだんだん日本スタイルも理解してきたように思います」

選手たちにとってトレーニングは、疲れて走れなくなるまで走ること。日本では、距離や回数を決め、また、筋トレなど直接走りに関係ない練習も取り入れる。当初は「何で陸上選手がバーベルを持ち上げるのだ？」と不満をもつ選手もいたようだが、実際に効果を実感するようになって、日本の科学的トレーニングのすごさに納得したという。

「南スーダンは独立戦争の戦禍や混乱で大変な状態にあると知りました。東京五輪選手という重責を担って日本に来ている選手の境遇を思うと、本当に励ましたい気持ちで一杯です。若いルシアやアクーンを見ていると、自分の子どもたちと同じだなと思うこともあります。家族を見守るような気持ちでサポートしたいですね」と竹下さんは話した。

chapter 08

第８章

新型コロナと
前橋キャンプの延長

section 01 東京五輪の延期

新型コロナ感染症は、2019年12月初旬に中国武漢市で最初の感染者が確認され、感染力の強さから世界中に拡大した。広義のウイルス性感冒の一種で、重症化するケースもあり、感染者の爆発的拡大で医療崩壊を招く恐れがあった。日本では2020年1月中旬から感染者が出はじめた。2月中旬になると社会的な影響が目立つようになる。

こうした状況を受け、安倍首相は国際オリンピック委員会（IOC）のトーマス・バッハ会長と会談し、2020年3月24日、東京2020オリンピック・パラリンピック競技大会を、1年程度延期すると発表した。

2020年夏開催の東京五輪を目指して来日し、前橋で厳しいトレーニングをしていた南スーダン選手団にとっては、まさに驚きの発表だった。スポーツ課は選手団が動揺しないため、また、メディアからの急増した取材依頼に対応するため、延期発表から2日後の3月26日、山本市長の記者発表を王山運動場で行った。発表には、山本市長の他、選手団5人、吉野ヘッドコーチ、通訳ボランティアの笛木美子さん、志村英理さんが参加。メディアは、20社35人が出席した。

山本市長から、「当初の予定通り2020年7月までは前橋キャンプを続け、その後については選手団、南スーダンオリンピック委員会（以下 SSNOC）の意向を確認し、関係機関と調整しながら決めていく」という前橋市の方針を説明した。選手団全員が、東京五輪の延期は残念だと表明したうえで、来年の東京五輪に向けてトレーニングに励みたいと決意を述べた。この記者会見以降、選手団がトレーニングに集中できるよう、新型コロナや東京五輪延期に関する取材は受けないこととした。

また、2019年の時点で前橋市は、ハンガリー、スリランカ、コロンビア、ベラルーシ、ベルギーの事前キャンプを予定していた。しかし、東京五輪開催直前の2021年5月になっても新型コロナの感染拡大が収まらず、ベルギーを除く4カ国の事前キャンプは中止となり、さらに混乱は続いた。

選手団一人ひとりの思いを聞く

東京五輪の延期により、スポーツ課は2020年8月以降のキャンプ継続について4月から協議を重ねた。

当時挙がった主な検討課題は、以下の通りである。

・ SSNOCと南スーダン選手団の意向
・1年間滞在が延びた場合の費用の問題
・在留資格延長の問題
・市役所内部の意見調整の問題

スポーツ課では、選手団一人ひとりに、来年の東京五輪まで前橋に滞在するか、一度南スーダンに帰国後再来日するか、意向を確認した。

Mr.ジョセフは「選手団の今後の方針について、SSNOCの会長に指示を仰いだところ『可能ならそのまま前橋でトレーニングを続けるのが望ましい』という回答だった。私は会長の意見に従うつもりだ」とSSNOCの意向を市側に伝えた。

マイケルは「南スーダンに帰っても十分練習をすることができない。ここまで練習した成果が振り出しに戻ってしまう。ジョセフコーチの意見に賛成だ。一時帰国をせずにこのまま前橋でトレーニングを続けたい。帰国後の新型コロナの件も心配だ」と話した。

アブラハムは「南スーダンに戻っても練習環境がよくない。練習場まで片道15kmあり、治安も悪い。前橋に残って練習を続けたい。また、前橋はマスクや消毒液が豊富で、大きな病院も多く、新型コロナ感染の対策は安心できる」と前橋の良さを強調した。

アクーンは「ここに来るまで数年間練習をしてきた。簡単な道ではなかった。環境の良い前橋に残りトレーニングを続けたい。母国の新型コロナ対策がどうなっているか、その心配もある」と母国の様子を心配した。

ルシアは「一度南スーダンへ帰ると、母親が再び日本へ行くことを許さないと思う。オリンピックに向けたトレーニングのことを考えれば、このまま前橋に残って頑張りたい」と家庭の事情を語った。

スポーツ課としては前橋キャンプはまだ途上であり、中途半端な形で中断するのはよくない、という意見でまとまっていた。

選手団が前橋でのキャンプ継続を望んでいるのは、やはり南スーダンの新型コロナ感染状況があるといえる。

在南スーダン日本国大使館、JICA南スーダン事務所等の関係機関から、南スーダン国内の新型コロナ関連情報を聞いたところ、対応が不十分だと分かった。

2020年5月の感染者は、ゼロの日の翌日に300人となるなど、新型コロナ対応に苦戦している様子が見られる。5月の感染者は2,000人程度、死亡者数は30人程度である。

日本国大使館は開館しているが、職員は外出禁止である。JICA事務所は閉鎖され、職員は全員帰国した。南スーダン政府は、先に国境の閉鎖、空港の封鎖、ロックダウンを行っていたが、政府内および保健省内で新型コロナ対策に関して対立や混乱があり、増大する感染者の対応も進んでいなかった。選手団はこの状況下では、帰国を断念するしかなかった。

その上、4人の選手は若く、1年後の東京五輪はもちろん、その後のスポーツ界などでの活躍が期待されていので継続したトレーニングが必要である。ようやく前橋の気候に慣れ、暖かくなって本格的な練習を行える条件が整ってきた時期である。さらに大きいのは、前橋市民はもとより、全国からの熱い支援だった。2020年4月末時点でふるさと納税は、1,800万円となっていた。これでキャンプ継続への道筋が見えてきた。

SSNOCは、キャンプの継続を希望

SSNOCのステファン会長にはメールで、東京五輪延期の決定、それに対応した前橋市のキャンプ延長提案について説明し、意見を求めた。

ステファン会長から山本市長宛てにメールで、書簡が送られた。以下は概要である。

「2019年8月に交わした合意書に基づき、南スーダン選手団が11月に前橋へ到着してから7カ月が経過しました。前橋市の素晴らしいおもてなしと、充実したトレーニング体制に感謝します。テクニカルレポートによれば（Mr.ジョセフはトレーニングの状況や大会の記録などを、定期的にSSNOCに報告していた）、選手たちの成長が目に見えて分かります。それは記録にも表れています。

南スーダンでは新型コロナが未だに終息していないため、帰国しても十分なトレーニング環境を整えられません。対策が行き届いた前橋で、今後もトレーニングを続ければ、選手はさらに成長できるでしょう。このため、2021年に開催される東京五輪まで継続して事前キャンプを受け入れていただくよう、お願いします」

本国のSSNOCと、選手団全員の意向は、前橋での長期キャンプ継続であった。前橋市もその気持ちを受け入れ、翌2021年の東京五輪まで、選手団の支援を決定した。

山本市長の東京五輪までのキャンプ延長の記者発表

2020年7月22日、東京五輪までの事前キャンプ延長に関する山本市長の記者発表を、K’BIX元気21まえばしのホールで行った。山本市長、選手団5人、吉野ヘッドコーチ、南スーダン応援委員会の佐藤氏、通訳ボランティアの嶋﨑裕里さんが参加。メディアは15社18人が集まった。山本市長から市の対応方針を説明、選手団は、2021年の大会出場に意欲を燃やし、前橋市のキャンプ延長の処置に感謝の意を表した。

山本市長が公表したコメントは次の通り。

「前橋市では、東京2020オリンピック・パラリンピック競技大会に向けた長期事前キャンプとして、南スーダンの陸上競技選手団5人を2019年11月中旬から受け入れていますが、同大会が1年延期されたことにより、今後の対応について検討を重ねてきました。

そして、いくつかの課題はありますが、慣れない環境の中、母国の復興と平和への期待を背負い、ひたむきにトレーニングを続けている選手団並びに南スーダンオリンピック委員会がキャンプ継続を希望していること、また、全国の皆様から2,000万円を超える多額のふるさと納税をいただいていることなどから、2021年開催の同大会が終了するまで、本市でのキャンプを継続したいと思っています。

今から75年前、前橋市は空襲により大きな被害を受けましたが、その後、復興のために多くの支援をいただきました。一方で、南スーダンは2011年に独立した世界で一番若い国ですが、国内の不安定な情勢が続き、国民の3分の1が難民・国内避難民になっていると言われています。こうした状況も踏まえ、今度は私たちが、南スーダン選手団の東京2020オリンピック・パラリンピック競技大会での活躍に向けて、微力ながら支援したいと考えています。

今後とも南スーダン選手団への温かいご支援、ご声援をお願いします」

スポーツ課や関係者にとっては、すぐ近くに迫っていたゴールが遠くに伸びたような感じだった。来年に向けて新たな意気込みで取り組まなくてはならない。

選手団、前橋市、関係者全員が、新たなスタート台に立った。

キャンプ延長で実務作業に追われるスポーツ課

選手団の在留資格の期限は2020年11月だった。2021年の東京五輪まで日本に滞在するために約1年の在留資格延長が必要となる。関係機関に滞在期間延長について問い合わせると、SSNOCと前橋市の同意、選手団の意向、前橋市の延長に関する合理的理由などがあれば、審査の対象にできるのではないかとの回答であった。必要書類を揃えて申請し、その後の調整を経て、2021年11月までの在留資格を得ることができた。

前橋キャンプの費用はふるさと納税が基本で、これに加えTシャツ販売や寄附などが加わった。2020年6月末現在で、ふるさと納税寄附金の総額は2,000万円を超えていた。当初の滞在費用の概算が約2,000万円程度だったので目標額をクリアすることができていた。

実際にかかった支出をもとに、来日から帰国予定の2021年9月までの経費を算出すると、総合計は約3,000万円と出た。これまでの約2,000万円の収入を勘案すると、さらに1,000万円が必要という計算になる。そのため、ふるさと納税の募集を継続強化することにした。

section 02 新型コロナ禍の選手たち

2020年4月7日、東京、神奈川、千葉、埼玉、大阪、兵庫、福岡に緊急事態宣言が出され、16日には全国に拡大した。5月14日に群馬県は解除、25日には東京、神奈川、千葉、埼玉で解除されたが、依然新型コロナ沈静化の見通しは不透明だった。

緊急事態宣言を受け、前橋市では市管理のスポーツ施設を全て閉鎖した。当然、選手団がトレーニングしている王山運動場も使えなくなった。

そこで、ランニングなどのトレーニングを行える場所はないかと探した。幸い王山運動場に比較的近い利根川の河川敷に適切な緑地を見つけた。400mの楕円が確保できそうだった。陸上競技を対象とした場所ではないため、多少のデコボコはあったが、体力維持や走力調整のためにトレーニングはできるだろうと、臨時の練習コースとした。

スタッフは、緊急事態宣言中のため、吉野ヘッドコーチと伊藤コーチのみ参加、通訳ボランティアは不参加とした。メニューには毎回1時間程度、体力強化と体幹トレーニングを取り入れた。

再び王山運動場が使用できるようになったのは、緊急事態宣言が解除されてからだ。1カ月ぶりの本格的なトラックでのトレーニングは、選手団、コーチ陣にとっても、大きな喜びだった。

選手たちがマスク、手洗い、消毒に慣れるまで

日本では、新型コロナの陽性者が2020年1月16日に確認されたが、スポーツ課は1月下旬から、選手団に不織布のマスクを配布した。また、コンビニ、スーパー、レストランなど、人が集まる場所に出入りする際は、必ず消毒液で手を消毒するよう伝えた。

マスク、手洗い、消毒などの予防対策については、南スーダンでの衛生習慣と異なることもあり、選手団が慣れるまでは時間がかかった。南スーダンで水道が通っている一般家庭は、首都のジュバでも数パーセントである。多くは共同水道や給水車、地方では水源から容器に入れて家まで運んで使う方式である。そのため、手軽に手を洗うことができず、食事前や帰宅時の手洗いの習慣は一般的でない。

また、南スーダンでは、病院の重症患者用病棟以外では、ほとんどマスクをしないようだ。日本のように、新型コロナの感染拡大以前から街中で普通にマスクをする、といった習慣がない。

そのため、選手団に「外に出るときはマスク着用」を伝えても、なかなか守られなかった。息苦しいと外してしまったり、手洗い・消毒を省略したりすることが目立った。その都度、なぜそれが必要なのかを説明し、新型コロナ以外、風邪やインフルエンザ防止にも効果があると説得を繰り返した。

次第に選手団もマスクを常時携帯するようになり、外でのマスク着用が習慣化された。選手団の送迎用車両には、マスクと消毒液を常備した。

選手団のワクチン接種

厚生労働省のホームページには、新型コロナのワクチンについては、発症と重症化を予防する効果が期待されているとある。選手団にも早期の接種が望まれた。

しかし、日本の東京五輪選手団と違って、前橋にいる南スーダン選手団にはIOCからワクチンは提供されない。そこで、市のワクチン接種担当部署に相談したところ、残余ワクチンが発生した場合に接種してもらうこととした。

選手団にワクチン接種の話をしたところ、3人が希望した。新型コロナの感染リスクが軽減されトレーニングに集中でき、東京五輪にも安心して参加できる、と考えていた。選手団は英語のサイトで日本の新型コロナの状況などを確認していたようだ。しかし、2人は副反応などを理由に、接種を望まなかった。

そこで、最後は本人の意思を尊重することを前提としたうえで、スポーツ課の考えを伝えた。「東京五輪の選手村には世界各国から1万8千人が集まる。毎日PCR検査を行うが新型コロナの感染をゼロにすることは難しい。ワクチンは感染をゼロにはできないが予防する高い効果がある。何よりも、感染したら東京五輪に出場できなくなってしまう。前橋でのトレーニングはもちろん、南スーダンでスポーツに夢を抱き、東京五輪を目指して頑張ってきた努力が、全て無になってしまう。アスリート人生と副反応その他のマイナス面を比較してほしい。

また、今後南スーダンに帰国した後、ワクチンを接種できるか不明だ。母国での感染や重症化を防ぐ意味でも、前橋で接種を受けたほうがメリットが大きい」

1週間後、残る2人もワクチンを接種したいと言ってきた。5人の選手団は6月中旬から順次ワクチン接種をはじめ、7月中旬までには2回目を終えることができた。

section 03 2021年に参加した大会と結果

日々のトレーニングの結果、選手たちは実力を着実に伸ばしていった。一方、アスリートとしては、大会に出場して本番を体験する必要があった。競技場のレースの空気を味わい、他の選手と競い合うことで、オリンピック参戦の心構えが備わってくる。また、公式大会は、自分とライバルの実力を確認する最良の機会でもある。

2020年11月、公益財団法人日本陸上競技連盟の風間明事務局長からスポーツ課に連絡があった。その内容は、南スーダン陸上競技連盟から、南スーダン選手団の大会参加のサポートを依頼されたこと、これを受け日本陸連は、国内主要大会への選手団の参加に協力したいことなどだった。大変ありがたいことだ。

マイケルは、2020年は一般の大会に出場していた。本番前には、マイケルをパラの大会に参加させてやりたかった。そこで、パラ陸上関係者にコンタクトを取っていたところ、一般社団法人日本パラ陸上競技連盟の理事兼競技部長の関幸生氏から、パラ陸上選手権等への参加を検討していただけることとなった。なお、同連盟の増田明美会長には、第32回日本パラ陸上競技選手権大会の際にマイケルが感謝の意を伝え、増田会長から励ましの言葉をいただいた。

大会出場時のアブラハム

大会出場時のアクーン

2021年に出場した各大会・記録会の結果は次のとおり

▶「WPA公認第32回 日本パラ陸上競技選手権大会」

3月20日（土・祝）・21日（日）

駒沢オリンピック公園総合運動場陸上競技場

主催：日本パラ陸上競技連盟

マイケルは、3月19日に日本パラ陸上競技連盟の厚意で国内クラス分けの身体機能評価・技術評価を受けた。20日・21日の競技に参加し、T47クラスと認定された。

マイケル　100m：11秒42（自己ベスト）
　　　　　200m：24秒33

▶「東京陸協ミドルディスタンスチャレンジ」

4月4日（日）

駒沢オリンピック公園総合運動場陸上競技場

主催：東京陸上競技協会

アブラハム　1500m：3分42秒99（自己ベスト、南スーダン新記録）

この大会は、横田真人氏のご配慮により出場できた。公益財団法人東京陸上競技協会が主催し、横田真人氏が代表を務めるTWOLAPS Track Clubが共催した大会である。

▶「群馬県春季陸上競技記録会」

4月10日（土）・11日（日）

伊勢崎市陸上競技場

主催：群馬県陸上競技協会

　アクーン　400mH：55秒04、400m：50秒27
　アブラハム　5000m：14分18秒07、1500m：3分50秒31
　ルシア　100m：12秒52

▶「WPA公認2021ジャパンパラ陸上競技大会」
4月24日（土）・25日（日）
屋島レクザムフィールド（高松市）
主催：日本パラ陸上競技連盟
　マイケル　T47100m：11秒51
　　　　　　T47200m：22秒97（自己ベスト）
　　　　　　　追い風2.2mのため参考記録

▶「第69回 兵庫リレーカーニバル」
4月25日（日）
神戸総合運動公園ユニバー記念競技場
主催：兵庫陸上競技協会、他
　兵庫県が緊急事態宣言の対象になったため、アブラハムの出場を断念した。

▶「第36回 静岡国際陸上競技大会」
5月3日（月・祝）
小笠山総合運動公園エコパスタジアム（袋井市）
主催：静岡陸上競技協会
　マイケル　男子パラ100m：11秒52
　アクーン　400mH：55秒34
　ルシア　200m：25秒55（予選）、25秒10（B決勝）

▶「第8回 木南道孝記念陸上競技大会」

5月5日（水）

ヤンマースタジアム長居（大阪市）

主催：大阪陸上競技協会、他

大阪府が緊急事態宣言の対象地域になったため、アブラハムの出場を断念した。

▶「Denka Athletics Challenge Cup 2021」

6月6日（日）

デンカビッグスワンスタジアム（新潟市）

主催：新潟陸上競技協会、他

アブラハム　1500m：3分53秒98

アクーン　400mH：54秒26

ルシア　200m：24秒71（自己ベスト、南スーダン新記録）

アブラハムは、アキレス腱のけがで約3週間練習ができなかったため、残念な記録に留まった。コーチ陣とスポーツ課は、けがの悪化が心配されるため、アブラハムに棄権を勧めた。しかし、最終的にアブラハムの決断で参加した。

4月25日の第69回兵庫リレーカーニバル、5月5日の第8回木南道孝記念陸上競技大会に新型コロナの影響で参加できなかったので、アブラハムとすると、オリンピック前に、日本のトップアスリートと走っておきたかったのだろう。身体の故障とレース経験を秤にかけての出場と思われた。

▶「群馬県陸上競技選手権大会」

7月3日（土）・4日（日）

正田醤油スタジアム群馬

主催：群馬陸上競技協会

　アブラハム　1500m：3分48秒69

　アクーン　400m：48秒37、400mH：54秒88

　マイケル　400m：51秒22（初の400mレースに参加）

　　　　　　200m：22秒90（自己ベスト）

　ルシア　　腰痛のため棄権

吉野ヘッドコーチは「マイケルは、初めての400mレースを考慮すれば、80点だ。膝の痛みはあると思うが、翌日の200mで自己ベスト（22秒90）が出たのを見ると、調子は上向き。本番まで1カ月以上あるので、400mは49秒の前半は出せると思う。そうすればメダルの可能性がある」とレース結果についてコメントした。

トップアスリートへの厳しい道すじと、五輪での課題

南スーダンの選手たちは、母国にいたときは、公式大会に出る機会が限られていた。2021年に入り、五輪本番に備えて前述のような日本のトップアスリートが出場する大会に出ると、自分の実力がはっきり出てきて、それぞれにトレーニングの効果や、自分の弱点を知る機会となった。

アクーンとルシアは、来日して初めて既述の国内主要大会で日本のトップアスリートと走った。記録的に数秒の差があることは分かっていた。しかし、実際に走ってみると、その「距離の差」を目の当たりにして、愕然とした。1人レースから取り残され、逆の意味で「独

走」という状況だった。オリンピックのレベルで考えると、日本のトップアスリートでさえも、陸上ではなかなか予選を通過できない。そこから推し量れば、実際に東京五輪に出た際の結果は想像できる。

選手団全体に重苦しい雰囲気が漂った。ルシアは予選レース後感情的になり、泣いている姿をみせることもあった。

国内主要大会への出場は、世界の中で南スーダンが置かれている状況を、スポーツの分野から改めて推察する機会となった。今の10代、20代の選手たちが生まれ育った時期は、南スーダンが独立のための武力闘争を繰り広げ、また、独立後の政府内部の対立で混乱している時代と重なる。

五輪に出場する先進国の選手たちは、多かれ少なかれ国や社会から厚い支援を受け、整った練習環境で有能な指導者と科学的トレーニングをする。それに引き換え南スーダンでは、まともな陸上競技施設はおろか、毎日の食事にも事欠く環境である。この差を才能だけで埋め、追いつくことは難しい。

section 04　ホストタウン前橋のオリンピック体験

前橋市はホストタウン構想に沿った取り組みで大きな成果を上げている。その中心となる南スーダン選手団の長期キャンプでは、行政と市民が一体となって取り組み、オリンピックへの協力、また、国際交流の面からも実績を積んできた。

聖火リレーでは、選手団のメンバーが伴走チームに加わり、市民のオリンピックへの興味を深めた。東京五輪の聖火リレーについても、「前橋でトレーニングした選手たち」の参加により、新たな関心を呼び起こした。

選手団がキャンプをする以前の南スーダンは、市民にとってほとんど未知の国だった。1年9カ月にわたるキャンプで、多くの市民が選手と交流した。それがきっかけとなりその後も同国に目を向け、平和の大切さを実感することにつながっている。

聖火リレーのサポートランナーとして、アブラハムが参加

東京五輪の「聖火」は、通常なら全国各地域をリレーして開催地を目指し、集合した聖火が会場の聖火台にともされる。今回は新型コロナの拡大防止で1年延期され、聖火リレーも変則的な形で行われた。

群馬県内の聖火リレーは、2021年3月30日と31日に行われた。聖火リレーが行われる各市町村では独自の演出が許可されている。前橋市では区間内の最終ランナーの後方を「サポートランナー」が伴走する企画を立てた。

市内小学校に募集をかけたところ、51校から2,033人の応募があり、抽選で16人を選出した。聖火が通過しない吉岡町、玉村町、榛東村から各1人、さらに南スーダン選手団からアブラハムが参加し、合計20人のサポートランナーがそろった。

猪谷千春氏のサポートランナーとして前橋を走る

3月30日午後3時にサポートランナーが市役所に集合した。20人のランナーの中でただ1人の外国人であるアブラハムは、異彩を放っていた。本番まで時間があったので、日本の子どもランナーは、アブラハムにさかんに質問を投げかけた。南スーダンの国柄や、アブラハムの経歴、アスリートへの目覚め、前橋での生活、学校訪問の印象など、アブラハムは丁寧に答えていた。彼は国の代表として選ばれ、東

京五輪に参加する意義を強調し、子どもランナーたちの関心を集めていた。

聖火リレーのイベントに選手団も参加

午後6時44分に聖火リレーは群馬県庁前をスタートした。当日は新型コロナの影響で三密を避けるようにアナウンスされ、また、小雨の降る肌寒い天気だったので沿道に集まる市民は少なかった。それでも要所要所には、聖火リレーを歓迎する人たちが集まり、盛んに声援を送っていた。

最終区間では、猪谷千春氏がリレー走者として先導し、アブラハムを含むサポートランナーは後に続いた。猪谷氏は富士見村（現前橋市）で暮らしたこともあり、日本人初の冬季オリンピックメダリストで、現在は前橋市の名誉顧問、JOCの名誉委員を務めている。

聖火は最終ランナーに掲げられ、楽歩堂前橋公園内の特設会場に到着した。ここでは、聖火を聖火皿に灯す「セレブレーション」というセレモニーが行われた。山本市長と南スーダン選手団5人全員も参加、選手団はサポートランナーと同じ赤を基調とした特注の半袖とハーフパンツを着用して参加した。

セレブレーション終了後、サポートランナー全員と南スーダン選手団5人が記念撮影を行って解散となった。

『戦火のランナー』グオル・マリアルの記録の試写会に招待される

南スーダンでは、選手団のメンバー以外にも、戦争や内紛で混乱する中で走り続けた陸上選手がいる。『戦火のランナー』はそうした1人、グオル・マリアルを取り上げた2020年アメリカ製作のドキュメンタリー映画である。選手団がどのような時代を体験してきたのか、想像する一つの手立てになる作品だ。

独立戦争や民族対立により各地で戦闘が続いていた南スーダンのある村。子どもを守るため、一つの家族が8歳の少年グオルを村から脱出させる。グオルは武装勢力に捕まりながらも脱走し、荒れ果てた国土を逃げ回る。

幸運にも難民キャンプで保護され、アメリカへ行くことになる。アメリカで学校に入って陸上競技を知り、圧倒的な才能を発揮する。初めてマラソン大会に出場し、2012年のロンドン五輪出場資格を得る。

一方グオルは難民であり、「母国」となる南スーダンは、当時独立を目指して戦っていた。南スーダンがスーダンから分離独立するのは2011年7月9日で、ロンドン五輪の1年前だ。独立したばかりの南スーダンには、国内オリンピック委員会（後のSSNOC）がまだなく、出場は不可能だった。しかし、IOCが個人参加を認め、オリンピックに出られることになる。

グオルという少年が走ることで生き延び、才能を開花させて母国の人々の希望となる実話の映画化である。混乱する南スーダンの状況、グオルの家族や村の様子が描かれ、その中でスポーツがどのような意味を持つのか、感動と共に伝わってくる作品だ。

2021年4月、南スーダン選手団がこの映画の試写会に招待された。選手団は90分間この映画を食い入るように見ていたが、ルシアは残酷な内戦のシーンになると、下を向いたり耳をふさいだりしていた。

選手団の話では、グオル・マリアルは南スーダンでは知らない人はいないほど有名であり、尊敬されているという。アクーンはケニアでトレーニングしている際に本人に会い、激励された。アブラハムは「モチベーションが上がった。この映画から多くの教訓を得て、ポジティブになれた」と感想を語っている。

前述したが、アブラハムは、6月6日デンカチャレンジに、アキレス腱のケガが完治していない状況で出場を強行した。このとき、スポーツ課の職員はアブラハムに棄権するよう諭したが、アブラハムは自分の意思で出場を決めた。映画の中にグオル・マリアルが五輪標準記録を突破するために、そして母国の希望のために何回も倒れながら走り続けるシーンがあった。アブラハムは、自分とグオルをオーバーラップさせていたのかもしれない。

chapter 09

第9章

選手たちの
東京2020オリンピック・
パラリンピック競技大会

section 01 東京五輪直前のアクシデント

東京五輪開催年である2021年、選手たちに様々な問題が起こった。

2021年3月25日、昼食を終えたマイケルが腹部の痛みを訴えた。痛みは午前中からあったようだ。今までの経験から、マイケルは痛みを大げさに表現する傾向があった。その日スポーツ課の職員は業務が立て込んでいたので「練習後、痛みが残るようなら医者に行こう」と話した。しかし「死んだらどうする」と、真に迫った表情で痛みを訴えるため、病院に予約を取って午後診察してもらった。

受診により虫垂炎の診断が出た。念のためにPCR検査を受け陰性を確認した。医師からは、手術をするか、抗生物質の緩和処置か、どちらか選択してほしい、と告げられた。緩和処置の場合、再発する可能性がある。それがパラリンピック前なら競技に関わるし、帰国後であっても、南スーダンの医療状況を考えると日本で手術した方がよさそうだった。

マイケルに2つの選択肢を説明したところ、彼は手術を選んだ。術後の復帰もパラリンピックまでまだ時間がある。担当の医師は、南スーダン選手団の事前キャンプのことを知っていたため、「大会の時期を考えると、早い方がいい」ということで翌日の手術となった。

3月26日の午前10時に病院に到着。医師からリスクについての説明があり、マイケルの同意を得た。午後に手術を行い約1時間半で無事終了した。

医師の説明では、退院後1週間程で練習再開が可能。1カ月後の大会も出場できるとのことだった。

マイケルは3日間入院して3月29日に退院した。4月6日に通院して術後の経過を確認して練習を再開し、4月24日のジャパンパラ陸上競技大会に向けた調整を行った。

アブラハムのアキレス腱負傷

5月5日の第8回木南道孝記念陸上競技大会については、大阪が緊急事態宣言の対象地域になったので、参加を見合わせた。ちょうどその時期に育英大学陸上競技部の長谷部長から、同部の菅平合宿に誘われたのでアブラハムが参加した。合宿から戻ると、アブラハムは足を引きずっていた。右足のアキレス腱の部分がかなり腫れている。初日の練習からアキレス腱に違和感があり、長谷部長から自粛するよう言われたがそのまま練習を続けたため、悪化したという。

翌6日鍼灸接骨院で受診したところ、アキレス腱痛と診断された。原因はトレーニングの疲労の蓄積と、セルフケア不足である。練習後に体のケアをきちんとするようにとの指示があった。取りあえず痛みが取れるまで本格ランニングは禁止だった。

念のため11日に、再び鍼灸接骨院で診てもらったが、近づく東京五輪に焦るアブラハムは毎日10km程度を軽くジョギングしていたらしく、6日よりも悪化していた。以後痛みがなくなるまで、ジョギングも禁止となった。

結局、練習を再開できたのは6月1日だった。このため、6月6日のデンカチャレンジ（Denka Athletics Challenge Cup 2021）は本人の希望で強行出場したが、記録はベストより10秒遅く、最下位となった。

ルシア父の訃報

5月13日にルシアから泣き声の電話があった。昨夜南スーダンの家族から、父が亡くなった、という悲しい知らせがあったという。祖国から遠い外国に来て、選手団唯一の女性として頑張ってきたルシアにとっては、どれほどの衝撃だろう。彼女の心中を思うと、スポーツ課の職員も言葉がなかった。ルシアの様子が気がかりだったため、スポーツ課の職員がアパートに向かい、夜まで一緒に過ごした。

スポーツ課は、仮にルシアが葬儀などで一時帰国すると、前橋でのトレーニングの再開に1カ月程度かかると推測した。現地の葬儀や再入国の手続き、PCR検査の陰性証明などを勘案すると、どうしても1カ月は必要である。

東京五輪は2カ月後に開幕するので、このブランクは記録に大きく影響する可能性が高い。もちろんルシア本人は帰国を希望しているので、スポーツ課としても、ルシアを一時帰国させてあげたいと思った。

そこで旅行会社に航空便の状況を確認し、JICA南スーダン事務所に入国の条件等を問い合わせた。入国条件は、南スーダン到着の96時間前までのPCR検査の陰性証明が必要だと分かった。

一方、ルシアがSSNOCに状況を伝えたところ、ステファン会長からは、東京五輪が2カ月後に迫っているので、ミッションの重要性を考慮し、帰国せず日本でトレーニングを継続するように、との指示があった。

ルシアにとってはつらい状況となったが、アパートに1人でいると気が滅入ってしまうので、翌日から王山運動場に復帰した。通訳ボランティアの配慮で、色々話をしながらグラウンド内を散歩したり、木陰で休んだりしながら、時を過ごした。その後も同様な日が続いた。

5月17日に別件でSSNOCとWEB会議を行った。会議の最後に、前橋市としてはルシアを一時帰国させたい旨を伝えた。SSNOCからは「ルシアの気持ちを尊重したいが、われわれには重要なミッションがあり、それを遂行する義務がある。東京大会は2カ月後に始まる。ルシアにも直接話をした。彼女も分かってくれると思う。これはスポーツ大臣とも協議した、南スーダンとしての最終結論だ」との返答だった。

ルシアには気持ちを整理する時間が必要だったが、トレーニングを長く中断すると、リカバリーに時間がかかる。この日からルシアにはトレーニングを再開してもらった。1週間は軽めのカリュキュラムとした。「思わぬケガが心配なので、走るときには集中してほしい」と伝えると彼女は黙ってうなずいた。

ルシアがグラウンドで笑顔を見せるのは、5月末まで待たなければならなかった。

ルシアの再起と腰痛

ルシアが、6月6日のデンカチャレンジに出場し200mで24秒71の自己ベストを出した。これは南スーダン新記録でもあった。

父の訃報から約4週間後の快挙だった。亡くなったお父さんが遠い異国の地にいる娘にパワーを与えてくれたのだろうか。

しかし、大会後の練習日にルシアは腰痛を訴えた。5月3日の静岡国際陸上競技大会のころから腰に違和感があり、デンカチャレンジの際は痛みが増していた。

疲労が原因と判断して練習を軽めにし、ストレッチ等を十分行ったが、なかなかよくならない。念のため整形外科で診察を受け、MRI検査をしたところ、疲労骨折と診断された。通常は痛みがなくなるまで安静だが、医師もオリンピックの直前であるため、痛みと相談しながらトレーニングするしかないという意見だった。

1週間ほどウォーキング程度にとどめ、その後は早歩き、ジョギングと徐々にペースを上げた。しかし、練習不足のため、7月3日・4日の群馬県陸上競技選手権大会は棄権した。

こうした経緯から、ルシアにとって東京五輪は「ぶっつけ本番」となった。

section 02 アクーンとマイケル、出場かなわず

東京五輪を間近に控えた2021年7月16日、山本市長は南スーダン選手団に関する重大な記者発表を行った。以下は記者発表の骨子である。

東京五輪に出発する選手たちの壮行会

「昨日、南スーダンオリンピック委員会（SSNOC）から、本市で事前キャンプをしている同国選手団4人の東京五輪出場に関する重大な情報がもたらされた。まず、オリンピックに出場予定だったアクーンは、残念ながら出場できなくなった。次に、パラリンピックに出場予定だったマイケルについては、南スーダンパラリンピック委員会（SSNPC）の国際パラリンピック委員会（IPC）への登録が間に合わず、出場できる可能性は非常に低い。また、オリンピックに出場する2人の種目は、アブラハムが1500m、ルシアが200mに決定した」

その日の午後7時から、南スーダン選手団壮行会が前橋テルサで開催された。会の冒頭、司会者から「アクーンが出場できなくなり、マイケルが出場できる可能性は低い」という発表があると、会場はどよめいた。

事情を察した吉野ヘッドコーチは「マイケルとアクーンはパリを目指して頑張れ」と激励の挨拶をした。

選手団の背後では、スポーツ誘致係主事の加藤正輝が、英語で通訳していた。同時通訳を聞いていても、マイケルは事情を理解できないようで、加藤にしきりに質問していた。加藤は、SSNPCからの情報を改めて説明。本国から何も知らされていなかったマイケルは、気持ち

の整理がつかなかったのか、壮行会後の記者会見を欠席した。アクーンには、16日朝にコーチのMr.ジョセフから伝えられていたという。

祝賀気分のはずの壮行会は、2人の残念なニュースに混乱した空気が流れた。

アクーン、マイケルの欠場までの経緯

東京五輪に参加する4選手のうちの2選手が、直前になって出場できなくなったことは、日本の関係者を驚かせた。振り返ってみると、2018年SSNOCとの交渉当初から、いくつかの課題があったと思われる。

2018年11月に、SSNOCのステファン会長、トン事務局長と東京のホテルで初会談を行った。主題は前橋での事前キャンプだった。SSNOCは前橋市に対し、オリンピック陸上競技の選手3人、パラリンピック選手1人、コーチ1人、計5人の受け入れを要望した。

前回のリオデジャネイロ五輪で同国は、国際オリンピック委員会（IOC）の特別枠で陸上の選手3人（男子2人、女子1人）が参加した実績があった。東京五輪についてSSNOCは「IOCのバッハ会長から上記の特別枠を口頭でもらっている、特別枠は、さらにあと3人分増えるかもしれない」と語った。

SSNOCは2018年の時点で、SSNPCの設立準備中であり、設立でき次第IPCに登録する、と語っていた。2019年7月に調印式のためSSNOCのステファン会長、トン事務局長が前橋を訪れ「SSNPCはすでに設立できている。IPCに登録の申請を準備中」と語った。

SSNOCは、IOCの正式な書類を持っているのか？

2020年2月から3月にかけて、前橋市とSSNOCのトン事務局長の間で、次のようなメールのやりとりがあった。

前橋市はSSNOCに対し、東京五輪出場予定の3選手について、IOCの「招待状」または、参加を認める「書面」のPDFを送付してほしい、と連絡した。

SSNOCからは、すでに3選手を「特別枠（=ユニバーサリティポジション）」としてIOCに申請を行い、返事を待っている。このため、3選手の出場を認める特別な「書面」は持っていない、また、リオデジャネイロ五輪のときも3人の選手がユニバーサリティポジションで出場したが、IOCから特別な「書面」は受け取っていない、との返信があった。

これに対し前橋市は、IOCがSSNOCに口頭で認めた「陸上競技選手3人の特別枠」について、いつ、どこで、だれが、だれに伝えたのか教えてほしい、と要請した。

SSNOCは、2018年10月にアルゼンチンで行われたユースオリンピックで、バッハIOC 会長が、ジェームズ・ワニ・イッガ南スーダン副大統領へ口頭で伝えた。その際バッハ会長は、種目の指定はせず、南スーダンに最大で6人の枠を与える、と提案したという。

前橋市は「ユニバーサリティポジション」についてSSNOCに尋ねた。「ユニバーサリティポジションの申請」と「オリンピック出場の申請」は、同じことか。また、 IOCからの返事を待っているというが、どのような形式で届くのか。

前橋市としては、IOCからSSNOCへの「正式にオリ・パラの出場を認める書面」を確認したかった。IOCから形式不明の「もの」をいつまでも待っていられない。取りあえず、SSNOC会長名で山本市長宛に、「バッハ会長がイッガ副大統領に出場枠を与えると約束した」という書面を送ってほしい、と要請した。

前橋市の要請に対し、SSNOCからの回答はなかった。これまでも

SSNOCは重要な問題に関して、しばしば返答が遅れたり、なかったりした。

依然として残るいくつかの不安要素

前橋市としては、オリンピックについてはSSNOCが前回のリオデジャネイロ五輪の経験があるので、3人の出場は大丈夫ではないかという感触を持っていた。

しかし、パラリンピックについては今回の東京五輪が初めての出場であり、SSNPCがIPCに登録されていないことは不安材料だった。

パラリンピック出場には、SSNPCのIPCへの登録と、マイケルのIPCの選手としての登録が不可欠だ。その後、IPCの「国際クラス分け基準」に準じて、ワールドパラアスレチックスに認定される。

この資格がないと国際大会には出場できない。そのため、前橋市はSSNOCに対し、マイケルがパラリンピックに出場するためには、上記の手続きが必要であり、この管轄はIOCではなくIPCだ。IOCではパラリンピックの出場を確約できないと思うが、見解を聞きたいとメールを送った。

2020年6月22日、SSNOCのステファン会長がサインした山本市長あての書面が2通送られてきた。その概要は次のようなものだった。

1通目：オリンピックへの出場資格について、2018年10月にアルゼンチンで行われたユースオリンピックにおいて、IOC会長が口頭で、我が国のジェームズ・ワニ・イッガ副大統領に、種目の指定なく6つのユニバーサリティポジションを与えると約束した。前橋でトレーニングしている選手はこれを使う予定だ。

2通目：パラリンピックへの出場資格に関して、SSNOCがIPCに登録する手続きを進めている段階だ。大会が始まる前には、この手続きが完了していることに自信がある。そして、2018年10月にアルゼンチンで行われたユースオリンピックにおいて、IOC会長が口頭で、我が国のジェームズ・ワニ・イッガ副大統領に、種目の指定なく6つのユニバーサリティポジションを与えると約束した。このうちの一つを前橋でトレーニングしているパラリンピックアスリートへ与えることとする。

書面の内容は今まで前橋市が質問したことへの回答の繰り返しで、前橋市の疑問には十分応えていない。しかし、現時点ではこれを受け入れることとし、SSNPCのIPCへの登録が早く完了することを願うばかりだった。

トン事務局長とのオンライン会議

懸案事項が未解決なまま、東京五輪開催イヤーを迎えた。2021年1月19日、トン事務局長と初めてのオンライン会議を行った。これは、選手団の出場資格について心配したJICA南スーダン事務所の仲介で実現した。マイケルの出場資格については「ドイツでIPCの国際会議があり、そこにSSNPCから役員が参加し、その場で登録承認されると想定している」と楽観的だった。また、「国際クラス分けテストについてはよく把握していないので、IPCへ確認する」ということだった。

ところが、パラリンピック出場について、2021年4月1日に大きな情勢の変化があった。新型コロナ禍で国際大会の中止が相次いでいたので、「国際クラス分け」を受けられない選手のために、IPCは陸上など10競技について、東京パラリンピック直前に東京でクラス分けをすると発表した。これでマイケルも「国際クラス分け」を受けるチャンスが広がってきた。問題はSSNPCのIPC登録である。

2021年5月17日から5回にわたりオンライン会議が開催された。懸案のIPCにおけるSSNPCの正式承認だが「承認待ち」また「ユニバーサリティポジションによる出場」という話に留まった。ポジションが3つしか受けられない場合、SSNOCはアブラハム、ルシア、マイケルを出場させることを考えている、と述べた。

6月24日の会議では、「陸上競技については2枠を確保した。この枠はアブラハムとルシアに与える」という話が伝えられた。マイケルについては「IPCからの連絡を待っている」との事だった。

7月5日の会議では「IOCから確定通知が届き、ルシアが200mで出場することが決定した」という話が伝えられた。

7月12日の会議では「IOCから確定通知が届き、アブラハムが1500mで出場することが決定した。しかし、アクーンの出場は不可能になった」という通知が来た。

マイケルについては、7月5日のオンライン会議で「正規のルートで出場する方法は断たれた。特例で出場が認められるようコンタクトは続ける」、7月12日の会議で「今日までにIPCから連絡がなかったため、出場は難しい」と伝えられた。

このような経過をたどり、7月16日の山本市長の記者会見と、壮行会でのアナウンスになった。

section 03 東京五輪出場と本国の注目

2021年7月23日、東京2020オリンピック競技大会開会式、午後10時20分、「南スーダン！」のアナウンス。オリンピックスタジアムにアブラハムを旗手として、Mr.ジョセフ、ルシア、そして3人の役員からなる総勢6人の南スーダン選手団が入場してきた。179番目の国だ。黒色の上下のジャージ、シューズとキャップ、白色のTシャツとマスク。キャップと左胸には南スーダン国旗のプリント、手には前橋市の壮行会用に作成した南スーダン国旗の小旗。

スポーツ課の職員は、テレビの前で、ついにここまでたどり着くことができたという達成感に、興奮していた。同時に、この選手団の中にアクーンがいないこと、また、8月24日に開幕するパラリンピックに、マイケルが出場できないという現実を受け入れることができず、複雑な心境でもあった。

ルシア、200mで見事なスタートを見せる

8月2日午前10時35分、女子200m予選第2組の7人がオリンピックスタジアムのスタートラインについた。第4レーンがルシアである。ヘアスタイルに気を使う彼女らしく、色とりどりのエクステンションを、20本程度付けている。各選手をテレビカメラがアップで映し出す。ルシアはこれまで見たことのない厳しい表情で集中している。

午前10時38分スタート。ルシアのスタートの反応時間は0.149で3番目。前評判の高い6レーンのフレイザー=プライス（ジャマイカ）が、すごい加速で突き進む。ルシアはスタート直後から遅れはじめ、その後も他の選手に引き離されて6着になった。タイムは25秒24である。

6月に新潟で出した南スーダン記録の24秒71より0秒53遅い。ルシ

アはゴールしてからも両膝に手を置いた姿勢でじっとしている。1人の選手が肩にタッチして健闘をたたえたが、ルシアはそのままの姿勢で動かない。彼女はその後車いすでトラックを後にした。心配していた腰痛（疲労骨折）が数日前から再発していて、ゴール後は激痛のため動けなくなったらしい。母国そして亡き父への思いが、身体の限界を超えさせたかもしれない。

スタートの反応時間は全体の15位だったが、記録は出場41人中40位だった。前橋キャンプで繰り返しスタートの練習をした成果は出ている。吉野ヘッドコーチは「選手村に入ってから、いつも指導する山岸コーチがいない中でよく頑張った。世界のトップアスリートと走って感じたこと、学んだことを次のパリ五輪で生かしてほしい」と話した。

まだ若いルシアの今後のさらなる成長を期待したい。

アブラハム、1500mで自己新記録を達成

8月3日午前9時、男子1500m予選第1組の16人がスタートラインについた。テレビ解説者の高橋尚子氏は、アブラハムをこの組の注目選手3人のうちの1人に挙げていた。アブラハムと高橋氏は縁がある。

南スーダン出身のグオル・マリアル選手を取り上げた映画「戦火のランナー」の公開に先立ち、4月に前橋市で特別試写会が開催された。映画終了後、南スーダン選手団を代表したアブラハムが、シドニー五輪女子マラソン金メダリストの高橋氏、前JICA南スーダン事務所長の友成晋也氏、キャスターの長野智子氏とトークセッションを行った。

高橋氏らは、王山運動場でのトレーニングも視察し、選手団を激励した。東京五輪のレースを中継した放送局の解説者が高橋氏であり、上映会のイベントがきっかけで選手団を応援していたというめぐりあ

わせがあった。高橋氏は番組の中で、アブラハムの境遇、前橋キャンプの様子などを映像で紹介した。

スタート直前、アブラハムは手首につけている南スーダン国旗をあしらったミサンガにキスをし、空を見上げた。

午前9時5分スタート。アブラハムは最後尾につける。いつものパターンだ。その後、数人の選手と競り合いながら走り、ラスト1週の鐘が鳴った時は最下位だった。全体のペースが早くなる中でアブラハムはなんとかついていく。最後100mの直線に入り1人また1人と抜き、渾身の力を振り絞ってゴール直前でもう1人を抜き13着に入った。タイムは3分40秒86、自己ベストを約2秒上回る南スーダン新記録だった。全走者47人のうち25位は立派な記録である。オリンピックという大舞台で、自己ベストを出したアブラハムの健闘は立派としか言いようがない。この記録は本人はもちろん、前橋市の関係者、特にコーチ陣の努力が報われた瞬間だった。

レース後アブラハムは、スポーツキャスターの松岡修造氏からのインタビューを受けた。松岡氏は、自身がレポーターを務める情報番組で、選手団を2回取材している。

「完走おめでとう。南スーダンに経験と平和をもたらしたいと話していましたね」と松岡氏は語りかけた。

アブラハムは「私の母国に必要なのは、五輪のモットーである『より高く、より早く、より強く』」というメッセージです。母国にその姿を見せられて良かったです」と母国への熱い気持ちを語った。

アブラハムとルシアのオリンピック出場を伝えた「The DAWN紙」

東京五輪に南スーダンの選手たちが出場することは、同国内でも話題になっていた。

「The DAWN紙」2021年7月26日号では、Mr.ジョセフ、アブラハム、ルシアを大きな写真入り記事で紹介している。概要は以下の通り。

アブラハム・グエム（Abraham Guem）は1500m、ルシア・モリス（Lucy Morris）は200mのレースに出場する。スポーツ・青年大臣のアルビノ・ボル博士（Dr. Albino Bol）は、「2人のオリンピック出場は、南スーダンとオリンピックとの関係を深め、国民に幅広い関心を巻き起こした」と語った。

The DAWN
MONDAY JULY 26, 2021

NEWS/JICA

Vol. 6 Issue 100　4

S.Sudan Olympic Committee to get new offices

South Sudan is participating in the ongoing Olympic Games in Japan with two athletes representing the country/COURTESY PHOTO.

Eye Radio

The African National Olympic Committee Association (ANOCA) and the International Olympic Committee (IOC) have pledged to construct new offices for the South Sudan Olympic Committee.

The agreement was reached in Tokyo during a side meeting of the South Sudan delegation, the ANOCA, and the International Olympic Committee on Saturday.

ANOCA has pledged $100,000 for the construction of the headquarters of the South Sudan National Olympic Committee in Juba, while the IOC has formed a committee of six people to figure out the remaining needs.

"Meeting with the African Olympic committee, we have the good news that the African Olympic committee has agreed to build the headquarter of South Sudan National Olympic Committee, through the lobby we did together with South Sudan National Olympic committee," said Dr. Albino Bol, the Minister of Youth and Sport.

"This is a great achievement and later on the issue of South Sudan National Olympic committee stadium will come," the sports minister told Eye Radio from Tokyo via phone.

South Sudan National Olympic is currently operating in a rented building at Nimra Talata residential area. The building reportedly costs around $1,200 monthly.

South Sudan is participating in the ongoing Olympic Games in Japan with two athletes Abraham Gum in 800 and 1,500-meter races, while Lucy Morris will compete in the 200-meter race.

アブラハム、ルシアの活躍を伝える南スーダンの新聞

chapter 10

第 10 章

前橋キャンプが残したもの

section 01 五輪後、南スーダンと「スポーツ交流事業」を

1年9カ月にわたった南スーダン選手団の長期キャンプの取り組みは、前橋市に大きな成果をもたらした。第一に東京五輪への貢献である。地方自治体として世界的なスポーツ大会を支援できたことは、大きな功績だろう。また、これにより前橋市民のシビックプライド（住んでいる「まち」に対する市民の誇り）を醸成することができた。第二に南スーダンという「世界でもっとも若い国」の選手団に十分なホスピタリティーと、トレーニングの場を提供したという国際協力である。第三に前橋市にとって、これまでにない「シティプロモーション」の機会を得たことである。

今回の前橋キャンプのような事業は、いつでも可能というわけではない。東京五輪の開催、JICAによるキャンプ地の打診、山本市長の「長期キャンプでいく」という決断がそろわなければ成り立たなかった。奇遇とも言える条件の中で達成した事業成果を、そのまま終わらせてしまうのではなく、何かの形で「次」につなげていこうという機運が、キャンプ期間中から関係者の間で醸成されていった。

また、ホストタウン事業は、東京五輪を契機として、ホストタウン相手国と東京五輪後も交流を続けていく「オリンピックレガシー」をつくることを目的としていた。

「シティプロモーション」の観点からも大きな成果

南スーダンとの交流は、国内だけでなく世界的にも注目されていた。スポーツ課としては、前橋市にとってまたとない「シティプロモーション」のチャンスとして、ぜひ継続したいと考えた。そのためには、現在の事前キャンプ事業と関連したコンセプトを持ち、また、

持続可能な事業内容でなくてはならない。

東京五輪の話題は、1年後、2年後、そして夏冬を通じてオリンピックイヤーには必ず取り上げられる。その際、南スーダン選手団の長期キャンプ、また、その後のスポーツ交流事業についても、前橋市の名前が出てシティプロモーションにつながる。さらに、シビックプライドの向上にもつながる。

費用対効果が絶大だった、長期キャンプ事業

南スーダン選手団の前橋キャンプは、各地で行われた東京五輪の事前キャンプの中でも、突出して大小のメディアに取り上げられた。時事的なニュースだけでなく、選手団の暮らしや人柄、また、南スーダンへの興味、さらに、それらを支援している「前橋市」への関心を呼び起こした。

選手団関連の話題がメディアに取り上げられた件数は、前橋市が把握できたものでは以下の通りである。

国内新聞：180件
テレビ放映：50件
東京2020大会公式記録映画撮影：複数回
外務省ホームページ記事：4件（TICAD7の際に安倍元首相とイッガ南スーダン副大統領との会談、東京五輪の際に菅前首相とニャデン同副大統領との会談で、それぞれ前橋キャンプが話題になる）
海外メディア：5件

ワールドカップの「中津江村＆カメルーン」のケース

キャンプ地をキーワードにした「シティセールス」の成功例は、過去にもいくつかある。特に大成功を収めた大分県中津江村（現日田市）の例を挙げてみよう。2002年のサッカーワールドカップ（W杯）日韓大会の際、中津江村はカメルーンのキャンプ地になった。当時の同村の人口は1,300人ほどである。村の規模からして人材や施設など、完璧な対応は難しい。しかし、手探りで選手たちを歓迎する村と村民の取り組みが、全国的に注目を集めた。また、慣れない日本のキャンプで、カメルーンの選手たちが引き起こすハプニングも大きな話題となった。

同村は「もっとも小さな自治体キャンプ地」としてメディアに露出した結果、大会終了後も日韓W杯の話題になると、同時に取り上げられることが多い。その縁があって、東京五輪でも、カメルーン選手団が再び、現在の日田市中津江村で事前キャンプを行った。

この事例は、そのまま「南スーダン＋前橋市」にも適用される可能性が高い。東京五輪後を展望すると、前橋市にとって南スーダンとスポーツ交流を続けることが、シティプロモーションに貢献すると予測される。

南スーダンに大きな夢を与えた「前橋キャンプ」

2020年1月に開催された第5回ナショナル・ユニティ・デーで、JICAスタッフが前橋で撮影した南スーダン選手団のビデオレターを南スーダンの会場で上映した。参加者は、遠い日本でトレーニングに励む選手や前橋での生活を見て、大変盛り上がった。

スポーツ課ではこのエピソードについて、ナショナル・ユニティ・デーに集う南スーダン人には、日本でのトレーニングが大きな魅力であり、また、前橋の生活にも関心を持たれている、と受け止めた。

「ナショナル・ユニティ・デーで活躍して認められたら、前橋に行ってスポーツと日本文化を学ぶことができる」という夢を、南スーダンの若者に持ってもらう。そこから同国のスポーツの促進（=平和の構築）を応援する。

スポーツ課では南スーダンでの感触を受け、事業継続のコンセプトをこのように決定し、「前橋市と南スーダンとのスポーツ交流事業」として取りまとめた。

事業として、前橋市にとって継続可能な内容とするため、以下のような概要とした。

《事業概要》

・人数

1人6カ月間、1年間に2人。4月～9月の暖かい期間はアウトドア競技、10月～3月の寒い期間はインドア競技に各1人招へいする。

・競技種目

ナショナル・ユニティ・デーの種目であるサッカー（男子）、陸上（男女）、バレーボール（女子）とする。前橋にはサッカーJリーグのチーム、バレーボールVリーグの女子チームがあり、それらのチームとの連携が図れる。

・期間

2021年10月から、2024年パリ五輪までの間、その時の状況を総合的に勘案して展開の内容を決める。

・経費

東京五輪の南スーダン選手団のケースを参考にする。選手団の事前キャンプでは、1人6カ月間の滞在費と往復の渡航費を含めて約

350万円、年間約700万円程度の経費がかかった。これをベースに算定する。

・財源

ふるさと納税を活用し、全国の皆さんからの寄附を募る。

交流事業の決定と記者発表

前述の内容を「前橋市と南スーダンとのスポーツ交流事業」として取りまとめたが、課題が見えてきた。

それは資金確保の問題である。これまでの長期キャンプは東京五輪を控え、メディアは盛んに選手団の話題を取り上げていた。そのため、ふるさと納税の寄附金も継続的に集まっていた。しかし、東京五輪が終わり、選手団が帰国すればメディアの注目もなくなり、寄附金も集まりにくい。

スポーツ課は、このスポーツ交流事業に関して、シティプロモーションの効果やシビックプライドの醸成といった前橋市にとってのメリットと、資金確保の問題を整理し、山本市長を含む関係部長で構成する特別会議に諮った。協議の結果、スポーツ交流事業の実施が認められた。

承認を受け、2021年2月24日午後3時に前橋市役所本庁舎で山本市長による記者会見が行われた。メディア10社が集まり、選手団5人も出席した。山本市長が南スーダンとのスポーツ交流事業を説明した。Mr.ジョセフとアブラハムがコメントを述べ、記者からの質問を受けた。

2021年11月現在、スポーツ交流事業による南スーダンの若者は、まだ前橋に来ていない。SSNOCは東京五輪の参加問題に追われていたので、準備が整っていないようだ。また、昨年中止されたナショナル・ユニティ・デーが、2022年3月末に開催される予定とのことで、それから派遣する選手の人選、長期滞在に関する調整などを考えると、来日は2022年の夏以降になると思われる。

section 02 岡田誠司在南スーダン特命全権大使の力添え

今回の南スーダン選手団の前橋キャンプについては、元在南スーダン日本国大使館特命全権大使の岡田誠司氏の大きな力添えがあった。

2011年7月に南スーダン共和国が独立した後、2013年5月に当時の安倍晋三首相とサルバ・キール・マヤルディ大統領の会談が行われ、同年7月首都ジュバに日本国大使館が開設された。南スーダンでは、2013年12月、2016年7月に国内で混乱があり、各国大使館のなかには一時退去や閉鎖した国もあった。一方日本国大使館は閉鎖せず、同国の信頼を集めた。

三代目大使の岡田氏は、独立後間もない南スーダンと日本の関係構築に尽力し、国内安定のために、前述したナショナル・ユニティ・デー開催に全面的に協力した。前橋市のホストタウン事業についても、ビザの発行などを含め、様々な協力があった。

在南スーダン日本国大使館特命全権大使を務めた岡田誠司氏（右）。日本に帰国中は、折を見て前橋の選手団を訪ねた

岡田氏は選手団来日前の2019年4月17日に前橋市を訪れ、山本市長と面談した。その後、同年7月30日のSSNOCとの協定書調印式にも同席してい

る。また、2020年1月24日に南スーダン高等教育・科学技術大臣と前橋市を訪れ、選手団を激励した。

2020年7月20日には、転任で南スーダンを離れるため、山本市長へ離任の報告があった。岡田氏は現在、在バチカン日本国大使館特命全権大使を務めている。

南スーダンは、戦火の中から誕生した

岡田氏に南スーダンという国の概要を伺った。

「南スーダンは、2011年に独立しましたが、多くの問題を抱えています。大統領派と副大統領派の対立、石油依存の経済、経済基盤の弱さなど、解決の難しい宿題が多く、国民の生活は困窮しています。部族社会が基本にあるので、政治的な緊張が部族同士の対立になり、争いが激化すれば村ごと住民が逃れて難民になります。こうした国内難民は、緊張が解消しないかぎり、なかなか自分の村に戻れないのです。

今回の南スーダン選手団には、同国の大きな期待がかかっています。それは一つの国民としてのアイデンティティの象徴と、スポーツを通じて平和が実現するのだ、という希望です。

そもそも選手たちは戦争の中で生まれ育ってきました。彼らは平和な状態を知りません。戦争が日常だったのです。南スーダンの若者は、小学校もまともに行けなかった人が多い。国に経済力がなく、学校を運営できないのです。そうした中で、選手団は選ばれました。

選手たちは、身体能力は極めて高いと思います。一方できちんとしたトレーニングを受けていません。個人の身体的能力だけでやっています。コーチのMr.ジョセフも陸上のコーチングの専門的な訓練を受けていません。選手もコーチも日本で学ぶことは多いと思います。

私が南スーダン大使の時に、東京五輪開催が決まりました。2016

年リオデジャネイロ五輪に選手が出場しましたが、オブザーバー的な招待選手です。東京五輪が南スーダンにとっての最初の正式なオリンピック参加になります」

ナショナル・ユニティ・デーが選手たちを送りだした

前橋市にやってきた選手団は、どのように選ばれ、何のためにスポーツを志したのだろうか。岡田氏に南スーダンの現状を踏まえて話していただいた。

「南スーダンの一般の人は、生きていくのに精一杯です。余暇にスポーツを楽しむという余裕はありません。みんなで集まってスポーツをしましょう、競技を観戦して楽しみましょう、という機会は非常に少ない。子どもたちはサッカーで遊びます。少数が海外のチームでサッカーやバスケット選手として活躍しています。ただ、日本のプロスポーツ、幅広いアマチュアスポーツなどのようなものはありません。

ナショナル・ユニティ・デーの実施は大きかったですね。前橋キャンプに選ばれたのは、この大会でいい成績を出した選手です。なぜこの大会が画期的だったかを理解するためには、南スーダンの実情を知る必要があります。

まず、違った部族の人が集まってスポーツ大会をすること、大会中同じ宿舎で一緒に食事を取り共同生活をすること、そもそも他部族と並んで行進をすることが初めての事です。

日本人は、みんなが並んで行進するのは当たり前ですが、南スーダンでは、そういう集団行動の機会は、軍隊しかありません。平和にいくつもの部族の若者が、並んで行進すること自体、画期的なのです。この大会では、競技の前後に各部族が伝統のダンスを踊ったり、お祭りのようなイベントをしました。そうして少しずつ一体感を感じていったのでしょうね。

ナショナル・ユニティ・デーは、スポーツを通じた平和づくりという大きな成果をもたらした　写真提供：JICA

南スーダン選手団を送りだすとき、私は彼らに次のような話をしました。『今回選ばれたあなたたちは、もちろん優れた能力を持つからです。だがそれだけではありません。南スーダンの代表として、国民の誇りとして日本に行くのです。キャンプする前橋市では、色々な体験をするでしょう。トレーニングはもちろん、日常生活や社会の仕組み、日本人の働き方、組織のあり方など色々です。帰国後、それらを母国の人に伝えてください。それが私の願いです』」

市民同士の交流が、外交の基礎である

今回の南スーダン選手団の長期キャンプでは、前橋市の担当部署だけでなく、幅広い前橋市民がボランティアとして協力した。こうした市民と選手の交流について、長い外交官経験を持つ岡田氏に意義などを伺った。

「外交を進める上で何が大切か？　当たり前のことですが、外交の基礎は国民です。以前の外交は一部のプロがやっていました。こんにちでは国民の意向、それぞれの国の市民同士の関係が欠かせません。国民の理解なしに外交は成り立ちません。

また、国がどんな外交をやっているか、国民にきちんと知っていただく努力が必要です。こういったパブリック・ディプロマシーの考えに立てば、前橋市と南スーダンの取り組みは、非常に豊かな成果を生んでいると思います。特に市民レベルで選手団と触れ合う体験は、今

後のモデルケースとなるでしょう。

市民同士の日常での触れ合いが、いかに国際理解に大事かという実例をお話ししましょう。

来日直後に、私は前橋を訪ねて選手団と会いました。南スーダンでは顔を合わせていましたが、前橋で会うのはその時が初めてです。選手団を誘ってお昼を食べに行きました。お店で食べていると、店内にいる人たちが、選手団を見かけて『ハロー』とか、『元気ですか』とか声をかけ、握手を求める人もいました。選手団はみな驚いていました。

私がなぜ驚くのかと尋ねたら『まったくの見ず知らずの人同士が挨拶するなんて、初めてだ』、『初対面の人から握手を求められたことは、今まで一度もない』、『他人同士が笑顔で近づいて声を掛け合うのに驚いた』などと答えます。

彼らが南スーダンで生きてきたのは、戦乱と紛争の時代なのです。他人はまず『敵』かもしれない。近づいてくる者は『攻撃してくる』と思って用心するのが普通です。でも日本では違います。前橋で生活するうちに、彼らもだんだんと分かってきたようです。それが日本の『平和』ということです。

南スーダンの選手団は、前橋の人の笑顔に『平和』を感じ、前橋の人は、初めて見るアフリカの選手に興味と親しみを感じます。こうした日常の交流の積み重ねが、平和を形作る外交の基礎となるのです。

今回の前橋キャンプで得られた体験は、両国の市民にとって、極めて大きかったと思います。今後もその成果を育てていくことを願っています」

岡田氏は、ささやかな人間の触れ合いが、国同士の理解につながると語ってくれた。

section 03 選手たちの帰国とこれから

前橋キャンプが終わって、南スーダン選手団は2021年8月26日に帰国の途についた。新型コロナで思わぬ延長もあり、2019年11月から2021年8月までの1年9カ月の滞在になった。

帰国の準備が整った選手たちに、帰国後のことを尋ねてみた。

マイケル「家は空港から遠いけど、それでもすぐ家族の元に駆けつけたい。家でひとまずリフレッシュしたら、また、トレーニングを再開したいです。それから、準備が必要だけど、いつか障がいを持ったスポーツ選手を集めて、大会を催したい」

アクーン「家族はジュバから離れたところにいるのですぐには会えません。取りあえず帰国したら近くの友達に会いに行きます。もちろん、帰ってからもトレーニングを続けたいと思います」

ルシア「帰国後は、大学に入ってサイエンスを学びたいです。できれば医師になりたいですね」

市民や関係者に見送られ、成田に向かって帰国の途につく選手団

2021年8月26日、南スーダン選手団の見送り会が前橋市役所前で行われた。当日多くの関係者が集まり、市役所前のエントランスを埋め尽くした。

山本市長は「新型コロナによる東京五輪の延期もあって、長いキャンプになりました。毎日のトレーニングを頑張った選手には、ご苦労様でしたと申し上げます。また、支援に当たったボランティア、様々な形で助けてくれた市民のみなさんに、心よりお礼を申し上げます。今後もスポーツ交流などを通し、南スーダンとの関係は続きます。選手団の方には母国での活躍、また、市民の方には、今後の交流へのご

支援をよろしくお願い致します」とお別れの言葉を述べた。

選手団を代表して、アブラハムは「市民のみなさん、前橋市の関係者、お世話になった方々に深く感謝致します。日本でのトレーニング、生活など全てが新しい体験でした。ここで学んだことを、母国に帰って多くの人に伝えたいと思います。前橋で過ごした日々は、決して忘れません。皆さん、ありがとう」と、声を詰まらせながら語った。

成田行きのバスが出るまでの間、選手団のメンバーは、顔なじみの市民と最後の挨拶を交わしていた。選手団を乗せたバスが出発すると、見送りの市民は南スーダンの小旗を振り、バスの姿が見えなくなるまで見送っていた。

ShukranYabrnese（シュクラン=ありがとう）

お世話になった前橋と日本のみんなに、選手団を代表して、アブラハムが英語と、現地の言葉で話してくれた。

・前橋が好きです（I love Maebashi）
　→Ana yibu Maebashi
・前橋での生活は一生の思い出です（The days in Maebashi city is a lifelong memory）
　→Ayam fi Maebashi le fikira ha hayal
・南スーダンに来てくださいね（Please come to South Sudan）
　→Tali fi Junub Sudan / Kali yila ja fi Junub Sudan
・ありがとう、日本の皆さん（Thanks, Japanese）
　→Shukran Yabrnese

あとがき

2021年7月23日、東京オリンピック開会式。オリンピックスタジアムにアブラハムを旗手として、Mr.ジョセフ、ルシアたち総勢6人の南スーダン選手団が入場してきた。しかし、そこにはオリンピックに参加できなくなったアクーンの姿はない。翌24日、ホームグラウンドの王山運動場。アクーンと、パラリンピックへの出場が叶わなかったマイケルは、3年後のパリ五輪に向けて2人だけのトレーニングを再開した。2人が東京2020オリンピック・パラリンピック競技大会（東京五輪）に出場できなくなったと知らされてから8日が経っていた。われわれスポーツ課の職員は、この2日間の対照的な出来事に戸惑いながら、2人のトレーニングを見守っていた。

「それでは、スポーツ課の皆さん、南スーダンの選手たちに、1年前から前橋に来ていただいたらいかがでしょうか」

2018年7月13日、山本龍前橋市長のこの一言で、「物語」は動き出した。そして、2019年11月14日にコーチのMr.ジョセフ、陸上競技選手のマイケル、アブラハム、ルシア、そしてアクーンが前橋の地を踏み、国内の新型コロナウイルス感染症の拡大、東京五輪の1年延期を乗り越えて、2021年8月26日に帰国の途に就くまでの1,141日間にわたる出来事をまとめたものが、この本である。『“南スーダン×前橋市”東京五輪プロジェクト』というとカッコいいのだが、実際は準備段階では手探り状態で暗闇の中を進み、選手団が来日してからは、予期せぬ出来事の連続に毎日が運動会状態となった“ドタバタ劇”であった。

2018年11月、東京都内のホテルで、南スーダンオリンピック委員会

(SSNOC) のステファン会長と会談した。この席で、東京五輪に特別枠で出場予定の陸上競技選手4人とコーチ1人を、2019年9月頃から受け入れる「前橋キャンプ」の概要が固まった。と同時に、滞在費用の積算と確保、長期間の在留資格取得に向けた協議、平日昼間のコーチ陣と通訳ボランティアの手配、そして、SSNOCとの協定書締結に向けた折衝など、大きな問題を調整する作業に追われる日々が始まることになる。

特に、前橋キャンプの費用確保が難しい課題となった。南スーダン選手団5人の1年間の滞在費用を2,000万円と見込み、クラウドファンディング型ふるさと納税制度を利用して、広く全国から寄附金を募ることにした。2019年4月から募集を開始したが、当初は全く集まらなかった。しかし、南スーダン選手団が前橋に来て、メディア各社の報道が始まった11月下旬から寄附金額が急上昇し、目標額を確保できるめどがついたときは、本当にうれしかった。

そして、2019年11月14日の夜、選手団が前橋に到着した。それから“ドタバタ劇”が始まった。

先制パンチは、アブラハムのマラリアの発症だ。前橋に来てわずか10日目、38度を超える発熱があり、彼はその経験からマラリアかブルセラの症状だという。ブルセラ?聞いたことのない病名だ。その昔は生物兵器だったと知る。“パンデミック”という言葉が頭をよぎった。病院の検査で熱帯熱マラリアと判明。医師の「日本の蚊ではマラリア菌を運べない」という説明を受けて、前橋キャンプを続けられると安堵した。

次に、殺到するメディアへの対応があった。スポーツ課の基本的なスタンスとして、メディアの取材は可能なかぎり受けることとしていた。それは、前橋市の取り組みが広く全国に報道されることにより、前橋キャンプの財源となるふるさと納税の寄附金が集まることなどを期待したためだ。取材件数はひと月に20件を超え、問い合わせもあり、感覚としては毎日取材を受けているようだった。メディア各社は選手団をリスペクトしてくれたが、南スーダンの民族対立や興味本位な質問から選手団を守るため、取材には必ず職員が立ち会った。また、メディアはほとんど通訳を帯同してこなかったので、英語対応のできるスポーツ課職員2人を通訳としたが、この負担も大きかった。

そして、新型コロナウイルス感染症の問題が発生した。

このコロナ禍でのスポーツ課の最大のミッションは、選手団に感染者を出さないことだった。選手団は、母国ではマラリアなどの感染症が身近にあったためか（実際のところ、全員がマラリア感染の経験がある）、新型コロナの危険性と、日本の感染対策を理解できない、つまり「なんでそんなに大げさにするの」という感覚を持っていたようだ。マスクをした経験もない。息苦しいようで、すぐにマスクを外してしまう。そのたびに注意した。選手団の送迎車にマスクと消毒液を常備して対応した。

2020年3月、新型コロナの世界的な感染拡大により、東京五輪の1年程度の延期が決まった。SSNOCと選手団の全員が、前橋キャンプの継続を希望した。スポーツ課は、南スーダン国内のコロナ感染対策が脆弱だとの情報を得ていたので、選手団の一時帰国は難しく、キャンプを東京五輪まで継続せざるを得ないと感じていた。ただ、滞在費の確保や在留資格の延長など、大きな課題があった。しかし、コーチと通訳ボランティアの方々の、継続してご協力いただけるという温かいお言葉に、背中を押していただいた。

新型コロナの感染拡大は、市民との交流事業、特に学校への訪問にも大きな影響をおよぼし、2020年3月以降の交流は全て中止となった。再開できたのは7月からだが、10月に行われた市立春日中学校の体育大会は、両者にとって記憶に残るものとなる。同校は生徒数の減少により2021年3月末で閉校となるため、「最後の体育大会」であった。選手団は、「学校がなくなる」ということに強く反応した。Mr.ジョセフは、膝に古傷があり普段は走らないが、志願してソフトボール投げに参加した。最終種目のリレーでは、アンカーのアクーン（なぜか裸足で走っていた）が、何とか振り切って東京五輪チームの面目を保ち、お互いの将来をたたえ合いながら、校歌と国歌を歌ってサヨナラをした。

コロナ禍により、私たちは「いつでもスポーツができる」という「日常」を失った。日本では、武力的な紛争による「死」は無縁に思えるが、見えないウイルスによる「死」が身近に迫ってきた。南スーダン選手団は、「平和でないとスポーツはできない。私たちは国が平和になるために走る」と口をそろえた。生まれたときから紛争状態の中で育った選手団の言葉は、重い。コロナ禍を経験した今、私たちも選手団のこのメッセージを、ほんの少しだが理解できるような気がしている。

“ドタバタ劇”の最後は、マイケルとアクーンが東京五輪に出場できなかったことだ。当初から選手団は「特別枠」で東京五輪に出場するとSSNOCから伝えられていた。新型コロナの世界的感染拡大により、その特別枠が一つ減らされたのは、理解できなくもない。しかし、パラリンピック出場のための「絶対条件」である、南スーダンパラリンピック委員会の国際パラリンピック委員会への登録が間に合わなかった、ということには今でも納得がいかない。ことの詳細は本編に書いたが、人生の一発逆転の可能性があったマイケルにとって、また、南スーダンの障がい者スポーツの発展にとって、大変残念な結果になってしまった。

南スーダン選手団の東京五輪の出場について、前橋市は残念ながら関与する権限がない。南スーダン側のマターだ。しかし、マイケルとアクーンが参加できなかったという事実を前にして、応援していただいた全ての方々に、前橋市の力不足をお詫びしたい。

2021年8月26日、成田空港、午後9時30分。選手団が、手を振りながら出発ゲートに消えていった。JICAからの前橋キャンプの打診を受けてから、3年2カ月の「物語」が終わった。

私たちスポーツ課の職員は、なぜこの長期間、走り続けることができたのだろうか。そのエネルギーの源になったものが、JICAのキャンプ打診の際に見た1枚の写真だと思っている。それは、前橋市がふるさと納税募集のポスターに使用し、また、この本の裏表紙にも採用しているものだ。「ナショナル・ユニティ・デー」の一こまで、赤茶色のグラウンドに、石灰の波打つ手書きのラインが引かれ、女子4人がスタートラインについている。スターティングブロックは、ない。そして、このうち2人の女の子が、シューズを履いていないのである。裸足だ。

世界の紛争地域のレポートで、不幸にも大きなけがをした子どもや、やせ細った乳幼児の写真を目にすることは多い。心が痛む、と同時に、自分の無力さに立ちつくす。ところが、この女の子の写真を見たときの衝撃は、今までに経験したものとは違った。武力紛争などに翻弄されている人たちが、スポーツをしている写真を見たのは初めてだった。JICAが掲げる「スポーツによる南スーダンの平和促進」について、初めは正直ピンとこなかった。しかし、この写真を見たとき、うまく言葉にできないが、「何とかしてあげたい」という感情が心の底から湧き上がるのを覚えた。それは、「シューズを買ってあげたい」ではない。首都のジュバに行くと他の民族に殺されるという風評の中、それでも走るためにスタートラインについた彼女たちの目線の先にある「希望」を、「実現させてあげたい」ということだと思っている。ある国のために食糧を支援するとか、箱物を造るとかではなく、前橋市のような地方の一自治体でも「手の届く範囲のもの」であり、応援できるかもしれないと思った。この写真の「語るもの」が、私たちの走り続けるエネルギーになったのだ。

南スーダン選手団の前橋キャンプを、無事に終えることができたのは、たくさんの方々に応援していただいたおかげです。

前橋市民のみなさんは、選手団を快く迎え入れてくれました。マイケルは、みなさんがにこにこしながら近寄ってきて、声をかけてくれることに驚いていました。南スーダンでは、知らない人は危険なので無意識に遠ざかるといいます。みなさんの「ガンバレ」は、選手団が最初に覚えた日本語の一つです。

全国の方々から、前橋キャンプの費用について、ふるさと納税などでご協力をいただきました。その総額は、2021年7月末時点で約3,330万円という、募集当初では考えられない高額となりました。寄附件数も1,700件を超え、たくさんの方が前橋キャンプの趣旨にご賛同いただきました。ふるさと納税の手続きが分からないからと、現金を普通郵便で送ってこられたご高齢の方も多かったです。これらのご支援がなければ、東京五輪延期後も選手団が一時帰国することなく、キャンプを継続することは難しかったと思います。

前橋市民の有志の任意団体である「南スーダン応援委員会」のみなさんには、「南スーダン応援Tシャツ」の製作・販売などを通じて、ご支援をいただきました。このTシャツは、前橋市のふるさと納税の返礼品としても活用させていただき、選手団への応援のシンボルになりました。

JICAのみなさんは、選手団の来日前から帰国まで、全面的なバックアップをしていただきました。特に、現在は静岡県立大学教授の古川光明さん、一般財団法人アフリカ野球・ソフト振興機構代表理事の友成晋也さん、そしてJICA 南スーダン事務所勤務の山中祥史さんは、最初に事前キャンプの打診に来庁されたメンバーですが、その後数回にわたり前橋に来られ、われわれへのアドバイスや、選手団への激励をいただきました。スポーツ課の職員は、アフリカの人と関わるのは初めてで戸惑うことも多かったのですが、JICAのみなさんの的確なアドバイスは心の支えになりました。

在南スーダン特命全権大使（当時、現在は在バチカン特命全権大使）の岡田誠司さんのご尽力がなければ、前橋キャンプは実現しなかったと言っても過言ではありません。前橋キャンプの最も大きな課題は、選手団の長期在留資格の取得でした。岡田さんは、公務ご多忙の中、11,000km離れた南スーダンから、選手団の来日前に2回前橋に来られ（来日後も2回、選手団の激励に来橋されました）、激励とアドバイスをいただきました。そして、岡田さんと在南スーダン日本国大使館のみなさんにご協力いただきながら、選手団の入国に関する各種調整を終えることができたのです。

企業や団体からのご支援もありがたかったです。ふるさと納税などの寄附金額がどれくらい集まるか不明な中で、各種物品やサービスをご提供いただき、選手団の滞在費の圧縮につながりました。

メディア各社のみなさんには、その報道を通じて、前橋キャンプの強力な応援団となっていただきました。2021年7月末時点で、新聞記事180件、テレビ放映50件（前橋市が把握できたもの）が配信されました。これにより、南スーダンという国の認知度が上がったことは間違いありません。これを契機に、企業や他の自治体による南スーダンへの支援の輪が、広がっていくことを願っています。

5人のコーチの方々には、感謝の気持ちでいっぱいです。吉野宏さんは、週5日間のトレーニングはもちろん、アブラハムの育英大学陸上競技部の練習参加にも付き添われ、選手団の全てのトレーニングを見守っていただきました。伊藤泰博さんは、アブラハムのトレーニングに専念されたいと、職場を退職されました。アブラハムの「重いもの」を背負って走る心に触れ、「一肌脱ぐ」ことを決断されたようです。小渕瑞樹さんは、日本のトップアスリートで、東京五輪400mの出場を目指されている中で、コーチを買って出ていただきました。惜しくも日本代表は逃されましたが、2024年のパリ五輪で、南スーダン選手団とともにその雄姿を見られることを心から願っています。八木均さんは、体幹・ウエイトトレーニングを担当され、選手団は「細いけどマッチョ」な体に変身しました。南スーダンにはウエイトの機器がないので、帰国後のことも考えて、体幹トレーニングの理論と実践を繰り返し教えていただきました。そして、山岸正範さんは、毎週5日間、午前中は勤務、午後1時から選手団の指導、職場に戻って夜遅くまで仕事、帰宅後翌日のトレーニングカリキュラムの作成という大変な生活を、1年9カ月続けられました。心身ともにきつかったと思われますが、いつも笑顔で選手団に接していただきました。このようなコーチのみなさんの献身的なご指導のおかげで、選手団は充実したトレーニングを行うことができました。

そして、通訳ボランティアの皆さんには、心からお礼を申し上げます。根気強く、ときにはユーモアを交えて通訳していただいたので、選手団がコーチ陣の指導をよく理解することができました。選手団は、帰国後には国を代表するアスリートとしてはもちろん、指導者としての役割も期待されています。前橋で得た知識を、南スーダンの若きアスリートたちに伝授してくれるでしょう。また、家族のように選手団の悩みや相談に乗っていただいたので、選手団が精神的に安定することができました。特に、ルシアは唯一の女の子（18歳）、人見知りで甘えん坊なので、ホームシックを心配していましたが、親身にお声がけいただいたので、来日直後の前橋の「風が強くて寒い冬」（彼女は”terrible”と表現していました）を、乗り越えることができました。

最後に、南スーダン選手団の前橋キャンプを応援していただいた全ての方々に、心から感謝申し上げます。本当にありがとうございました。

Mr.ジョセフ、マイケル、アブラハム、ルシア、そしてアクーンと共に過ごした時間は、私たちにとって宝物です。幸せな1年9カ月でした。ありがとうございました。

2021年12月

前橋市

長期事前キャンプ・本書作成にあたり、お世話になったみなさま （敬称略）

（社福）あおい会　あおいこども園

アパッチ

AC KITA

（株）OKULAB

絵手紙愛好会　おもだかの会

カトリック前橋教会

上泉町自治会

亀泉町自治会

（学）共愛学園　共愛学園前橋国際大学

（学）群馬育英学園　育英大学　陸上競技部

群馬グリフィン・レーシングチーム

群馬県前橋警察署

群馬県前橋東警察署

群馬県立中央中等教育学校　陸上部

（大）群馬大学共同教育学部附属中学校

群馬ヤクルト販売（株）

（一財）群馬陸上競技協会

コカ・コーラボトラーズジャパン（株）
ベンディング群馬支社

独立行政法人　国際協力機構（JICA）

国公立大学陸上競技連盟

（学）斉藤学園　桃瀬幼稚園

在南スーダン日本国大使館

ザスパクサツ群馬

（一財）静岡陸上競技協会

白井屋ホテル（株）

食匠なる花

（大）高崎経済大学　陸上競技部

合同会社 TWOLAPS

（公財）東京オリンピック・パラリンピック組織委員会

（公財）東京陸上競技協会

（株）登利平

登利平アスリートクラブ

長野県富士見高等学校

（株）新潟アルビレックスランニングクラブ

（一財）新潟陸上競技協会

西片貝町自治会

（一社）日本パラ陸上競技連盟

（公財）日本陸上競技連盟

（学）平方学園　明和幼稚園

Fuji Language School

（株）フレッセイ

前橋キリスト教会

前橋市議会

前橋市国際交流協会

（一社）前橋市歯科医師会

前橋市児童文化センター

（一財）前橋市スポーツ協会

（公財）前橋市まちづくり公社

前橋市陸上競技協会

前橋市立荒砥中学校

前橋市立大室小学校

前橋市立上川淵保育所

前橋市立敷島小学校

前橋市立総社小学校

前橋市立前橋高等学校

前橋市立明桜中学校（旧春日中学校）

前橋スポーツコミッション

ミズノ（株）関東支社

南スーダン応援委員会

南スーダンオリンピック委員会

都食品（株）（市役所地下食堂アザレア）

ユナイテッドピープル（株）

（株）ユニクロ

■選手団を指導したコーチ陣のみなさま

吉野　宏

伊藤 泰博

小渕 瑞樹

八木　均

山岸 正範

■通訳ボランティアのみなさま

飯田 昭人

石原 広宣

礒 麻由可

宇野 千春

小笠原 愛香

小渕 由佳

木下　朗

小山 陽二

近藤 尚子

嶋﨑 裕里

志村 英理

高島　泰

竹下 容子

竹田　雅

多胡 早織

田中 正司

陳　麗麗

角田 のぶ子

鳥塚 真璃亜

中村 亜矢

野坂 富雄

橋詰 恵美

笛木 美子

松村 文雄

ふるさと納税でご支援いただいたみなさま

寄附、寄贈、激励訪問等で
ご支援いただいたみなさま

全国の陸上競技関係のみなさま

トレーニングパートナーのみなさま

健康・医療・生活を支えてくださったみなさま

交流事業を実施・企画・提案いただいたみなさま

報道・メディア各社のみなさま

前橋市民のみなさま

参考資料

◆「外務省」各国情報、統計など
　https://www.mofa.go.jp/mofaj/index.html
◆「独立行政法人 国際協力機構（JICA）」事業・プロジェクト、各国における取り組みなど
　https://www.jica.go.jp/index.html
◆「大阪大学人間科学研究科／人間科学部」岡田千あき准教授関連情報など
　http://www.hus.osaka-u.ac.jp/ja/
◆「国連難民高等弁務官（UNHCR）」統計など
　https://www.unhcr.org/data.html
◆「国際連合広報センター」資料、ニュース・プレスなど
　https://www.unic.or.jp/info/
◆『スポーツを通じた平和と結束・・・南スーダン独立後初の全国スポーツ大会とオリンピック参加の記録』
　古川光明著（佐伯印刷株式会社出版事業部発行　2019 年）
◆『スタビライゼーション・オフィシャルブック』
　安光達雄著　日本スタビライゼーション協会監修　（ＰＣＹ発行　2007 年）
◆「南スーダンにおける紛争後の初等教育と学校運営の実態・・・教授言語の変更に着目して」
　澤村信英・山本香・内海成治著（比較教育学研究第 50 号　2015 年）

凡　例

本文中の組織・団体名、役職・肩書などは、当時のものです。また南スーダン共和国に関する情報は、独立間もない国情のため、統計や制度、事実関係が一部錯綜している面があります。そのような場合、外務省、国連機関などの情報を優先して用いています。

写真提供　共同通信社
写真・資料提供　JICA

南スーダン陸上競技選手団
前橋キャンプ物語
～母国の平和のために走った１年９カ月～

発　行　　2021年12月28日
　　　　　前橋市
　　　　　〒371-8601
　　　　　群馬県前橋市大手町2-12-1
　　　　　TEL.027-224-1111

編集・制作　**上毛新聞社**
　　　　　デジタルビジネス局 出版部
　　　　　〒371-8666
　　　　　群馬県前橋市古市町1-50-21
　　　　　TEL.027-254-9966